Toni Mörwald

Wildküche

TONI MÖRWALD
HANS-FRIEDEMANN ZEDKA

WILDKÜCHE

Die 100 besten Rezepte aus
dem Weidwerk-Kulinarium

Mit einem Vorwort von Christoph Wagner

Residenz Verlag

Mein herzlicher Dank gilt der Zeitschrift WEIDWERK und vor allem Hans-Friedemann Zedka, meinem Team und meinen Küchenchefs sowie meinen Damen im Office.

Herzlichen Dank auch an Christian Konrad.

Toni Mörwald

Hans-Friedemann Zedka ist Chefredakteur von Österreichs auflagenstärkster Jagdzeitschrift WEIDWERK und Mitautor verschiedener Fachbücher zum Thema Wildfleisch.

Bildnachweis:
Zerwirkkunde: Wildbret-Direktvermarktung / Winkelmayer, Paulsen, Lebersorger, Zedka; Zentralstelle Österreichischer Landesjagdverbände, 2007; www.wildbret.at: 25, 27–35

Eisenhut & Mayer: 45, 69, 85, 99, 117, 131, 133, 135, 201, 203, 227, 275
Florian Kloss: 51, 53, 59, 63, 71, 73, 75, 77, 79, 87, 93, 95, 97, 101, 105, 111, 113, 119, 127, 129, 143, 153, 157, 161, 163, 169, 171, 175, 176, 177, 181, 183, 187, 195, 197, 199, 207, 209, 211, 215, 217, 219, 223, 229, 231, 233, 235, 237, 241, 243, 245, 251, 265, 267, 269, 271, 281, 283, 285, 287
Ulrike Köb: 49, 61, 65, 115, 123, 141, 147, 165, 173, 185, 189, 221
Herbert Lehmann: 9, 12, 15, 20, 37, 38, 41, 47, 57, 81, 83, 89, 103, 107, 121, 137, 139, 149, 151, 159, 191, 205, 225, 239, 247, 253, 255, 257, 259, 261, 279, 289, 291, 293, 296, 299
Toni Mörwald Privatarchiv: 16, 55, 67, 91, 109, 125, 145, 155, 167, 179, 193, 213, 249, 273

Bibliografische Information der Deutschen Bibliothek
Die Deutsche Bibliothek verzeichnet diese Publikation in der Deutschen Nationalbibliografie; detaillierte bibliografische Daten sind im Internet über http://dnb.d-nb.de abrufbar.

www.residenzverlag.at

Aktualisierte Neuausgabe 2011

Umschlaggestaltung: Boutique Brutal
Umschlagbild: Ulrike Köb
Grafische Gestaltung/Satz: Verlagsbüro Wien
Rezept-Lektorat: Andrea Karrer
Gesamtherstellung: GRASL Druck & Neue Medien GmbH

ISBN 978-3-7017-3262-3

Inhalt

Ich habe mir einen Traum erfüllt ...

... und ich möchte, dass Sie an ihm teilhaben können. „Die Wildküche" führt Sie auf den Weg, den ich viele Jahre gegangen bin. Durch meine Serie im „Weidwerk"-Kulinarium über meine Wildküche ist es mir jetzt gelungen, ein umfangreiches Werk in Buchform zu präsentieren. Im Einklang mit der Natur zu leben und achtsam im Umgang mit Tieren und Pflanzen zu sein, ist das „Pure Leben".

Ich habe einen langen Weg hinter mich gebracht: vom Landwirt am Hof, Weinbauern bei meinem Vater, Reisebürokaufmann, Industriekaufmann, Hotelkaufmann zum Koch mit Auszeichnungen, Hauben, Sternen und viel Lob & Anerkennung für meine natürliche Küche. Das beschreibt schon in groben Zügen den Traum, der für mich Wirklichkeit geworden ist, verbunden mit viel Arbeit, hohem Einsatz, großem Enthusiasmus und der Begegnung und Hilfe vieler Menschen.

In einigen großen Kapiteln können Sie über Wildbret und Wildgeflügel schmökern und durch Wald, Wiese und Weingarten spazieren, die Jägerschaft und der Wald inspirieren mit den weidmännisch erlegten Tieren und deren fachgerechter Zerlegung und Reife und bilden somit die beste Grundlage für eine natürliche Wildküche. Es ist mir ein Anliegen, meine ganz persönlichen Empfindungen und Erfahrungen weiterzugeben. Und dazu gehört auch, dass die Menschen zu Wort kommen, die täglich dazu beitragen, dass die Nahrung wieder als ein Mittel zum Leben – als „Lebens-Mittel" – empfunden werden kann. Das heißt, dass in Feuersbrunn am Wagram die Küche der Natürlichkeit zu Hause ist, bei der in jeder Hinsicht alles Künstliche, Unnatürliche und Chemische strikt und konsequent vermieden werden.

Die Pflanzen und Tiere kommen aus der reinen Natur, werden auf behutsame Weise verarbeitet – in natürliche „Lebens-Mittel" umgewandelt – und von einem Könner oder Koch sowie von den vielen ausgezeichnet kochenden Frauen dieses Landes in ihrer verfeinerten Form präsentiert, als purer Genuss aus einer exzellenten Küche.

Sie erfahren, worauf Sie beim Einkauf achten müssen, um dann mithilfe meiner Rezepte die Vor- und Zubereitung anzugehen. Es ist leichter, als Sie denken, auch wenn die Leichtigkeit des Kochens oft gesagt wird, aber mit Vorstellungsvermögen und einer Prise Talent werden oft große Herausforderungen zu einem liebevollen Kochvergnügen.

Mit meinen Überlegungen, aus dem großen Gastronomieunternehmen auszusteigen und ein kleines ökologisch und handwerklich geführtes Lebensmittelunternehmen mit bester Veredelung in unserer Küche der kurzen Wege aufzubauen, sind mir so viele neue Möglichkeiten eröffnet worden, Natur neu zu erkennen, den Wert des Alten zu begreifen, ohne dabei Neues abzulehnen, dass ich voller Dankbarkeit allen gegenüber bin, die dabei mitgeholfen haben, das Ganze zu einem Erfolg zu machen.

Da Kunst für mich immer schon eine große Bedeutung hat, bin ich glücklich, dass die lebhaften Anekdoten und Geschichten, die erlesenen Rezepte und die Schönheit der Kreatur ihre Bestätigung und ganz spezielle Eindringlichkeit durch die stimmungsvollen Bilder gefunden haben, die das ganze Buch durchziehen, es höchst lebendig und damit auch zu einem Buch der Sinne machen.

Lesen Sie, versenken Sie sich, nehmen Sie auf, was Ihnen geboten wird und was ich gerne als Botschaft und Anliegen weitergeben möchte: Neben der wunderbaren Atmosphäre, die dieses Buch vermittelt, gibt es auch handfeste Informationen, die wertvolle Erfahrungen für viele bieten. All das zusammen stellt ein Kunstwerk dar, das in seiner ganzen Konzeption nicht nur die Summe einzelner Teile ist, sondern ein Mehr als diese Summe: Es soll die Achtsamkeit sichtbar werden lassen, die wir dem Leben und der Natur um uns herum schulden. Die Achtsamkeit vor den Menschen, den Tieren, den Pflanzen, dem Wasser, der Luft und dem Boden. Die Achtsamkeit vor dem puren Leben & dem Weidwerk.

Ihr
Toni Mörwald
„Weidmannsheil!“

Wildbret ist nur halb so wild
von Christoph Wagner

„Schlundeinwärts" geschossen

„Der Hase wird zu Stückeln gehackt, und eingesalzen, dann wird etwas geschnittener Speck, Zwiebel, Limonienschälerl und Lorbeerblätter in ein Kastrol (Kasserolle) gegeben, und mit dem Hasen schön braun geröstet, dann bestreue ihn mit Semmelbröseln, und laß ihn noch etwas rösten, dann gieß 2 Schöpflöffelvoll Rindsuppe und 1 Schöpflöffelvoll Essig daran, gib etwas Kapri (Kapern) dazu, und lasse ihn solang dünsten, bis der Hase recht marb (mürb) ist; gib ihn auf eine Schüssel und schütte Soß darüber."

So liest sich das Rezept des „Hasen in einer Pastete" im 1827 erschienenen „Linzer Kochbuch", das bereits eine beträchtliche Anzahl von Wildrezepten enthält und darauf schließen lässt, dass Wildspezialitäten früher keineswegs nur, wie man häufig liest, vom Adel, sondern durchaus auch in (groß)bürgerlichen Kreisen mit Genuss gegessen wurden. So findet man im Linzer Kochbuch beispielsweise auch Rezepte für gebratene Haselhühner, Rebhühner, Wildtauben, Krammetsvögel, Schnepfen und Fasane, aber auch eine „Hirschbrust in guter Soß", einen Rehschlegel oder einen Wildschweinbraten.

Ganz ähnlich, wenngleich noch etwas ausführlicher, liest sich die Liste jener Speisen, welche die sogenannten „Bauchanbeter" im 59. Kapitel des vierten Buches von Rabelais „Gargantua und Pantagruel" ihrem göttlichen Wanstpotentaten „schlundeinwärts schossen": Fasane und Fasänchen, Rehkitz, Ortolane, Wasserhühner, Trappen, Silberreiher, Brachvögel, Wildhaselhühner, Knäkenten, Stachelschweine, Murmeltiere, Steinböcke, Gemsen und Kraniche.

„Wilde Tiere, die gut zu essen sind ..."

Es scheint, als seien die Menschen, seit sie zu essen gelernt haben, immer schon ganz wild auf Wild gewesen. Der Philosoph und Staatstheoretiker Friedrich Engels (Karl Marxens Co-Autor von „Das Kapital") ging sogar so weit, den Übergang zur Fleischkost als wesentlichen Schritt vom Affen zum Menschen zu betrachten, weil die Fleischnahrung „auf das Gehirn" wirke, das sich dadurch „von Geschlecht zu Geschlecht rascher und vollkommener ausbilden konnte". Da es den ersten Menschen noch an zahmen Haustieren ermangelte, konnte daher auch nur „wildes" Fleisch gemeint sein.

Das Wild ist freilich im Laufe der letzten Jahrzehnte ganz sicherlich weniger wild geworden. Man stelle sich etwa vor, welcher Aufschrei der Entrüstung auf einen

Gourmetschreiber unserer Tage zukäme, der seinen Lesern heutzutage folgenden Ratschlag erteilen würde: „Man ergreife ein fettes Vöglein beim Schnabel, bestreue es mit etwas Salz, nehme Kropf und Magen weg, stecke es mit einer geschickten Wendung ganz in den Mund, beiße nahe an den Fingern ab und kaue nun lebhaft."

Die ebenso lieb- wie geschmacklos anmutende Gebrauchsanweisung stammt übrigens keineswegs aus einem mittelalterlichen Kochbuch, sondern vielmehr aus der Feder des feinzüngigen Gastrosophen Anthelme Brillat-Savarin, dem in seiner „Physiologie des Geschmacks" (1826) zum Wildbret unter anderem auch der Satz einfiel: „Man versteht unter Wildbret alle im Zustande der natürlichen Freiheit, im Wald und Feld lebenden Tiere, die gut zu essen sind."

So würde das heute wohl niemand mehr unterschreiben, und selbst die Zubereitung des Wildes – das man in prähistorischen Zeiten und auch noch später vor allem deswegen verzehrte, um sich dessen „Lebenskräfte" einzuverleiben – ist besonders während der letzten Jahrzehnte viel weniger urtümlich geworden.

Ein archaisches Fest sind die bis heute beliebten Wildwochen in der Gastronomie gleichwohl geblieben, auch wenn heute kaum noch im Ganzen gebratene Wildschweine durchs Wirtshaus getragen werden und man den Rehbock längst nicht mehr unter ständigem Begießen mit Speckfett am Spieß, sondern lieber fettarm in der Teflonpfanne zubereitet. Ihren nach wie vor festlichen Charakter verdanken die Wildwochen indessen nicht zuletzt auch einer ganz simplen Tatsache: Es gibt sie – wie alle großen Feste – nur einmal im Jahr.

Jagd als Teil der Tierethik

„'s gibt nichts Dümmers als die Jagd!" So singt der ängstliche Tischler Valentin in seinem berühmten Jagdcouplet aus Ferdinand Raimunds „Der Verschwender", und nicht wenige Österreicher, vor allem aber Österreicherinnen werden ihm da vielleicht beipflichten. Der Standpunkt ist zwar zu respektieren, aber es muss auch erlaubt sein, das Thema Jagd von einer anderen Warte als jener vorbehaltlosen Tierliebe zu sehen, die im Gefolge hollywoodesk verkitschter Tierepen wie Felix Saltens „Bambi" entstanden ist.

Tierschützerische Bedenken gegen den Wildgenuss wollen Österreichs Jäger, die sich immer auch als Heger verstehen, daher keinesfalls gelten lassen. „Die Jagd sichert einen ausgewogenen Bestand an Wild, das dadurch ausreichend Schutz und Nahrung vorfindet", verweist etwa Dr. Christian Konrad, Raiffeisen-Generalanwalt und niederösterreichischer Landesjägermeister, auf die notwendige regulierende Funktion der Berufsweidmänner in Österreich. Längst hat sich nämlich auch unter den Weidmännern herumgesprochen, dass das Jagdwesen ökologischer Nachhaltigkeit bedarf. Das noch in der Donaumonarchie übliche wilde Herumballern schlechter, aber dafür adeliger Schützen hat längst ein Ende gefunden.

Mittlerweile stehen viele ehemalige Jagdtiere mit Recht auf Artenschutz-Listen, andere wiederum im Ruf, ganz schön teuer geworden zu sein. Das wiederum trifft jedoch nur auf die sogenannten „Edelteile" – die Filets, Nüsschen und Medaillons – zu. Tatsächlich ist Wild (vor allem wenn man größere Teile davon an der Wildsammelstelle ersteht) aber gar nicht so teuer. Im Gegenteil. Tausende von Feldhasen etwa, die aus landschaftsschützerischen Gründen und um Weingärten und Obstplantagen vor irreparablen Flurschäden zu schützen, jedes Jahr erlegt werden müssen, wandern unverkocht und entwürdigend in die profane Tierkörperverwertung, weil es nicht genügend Interessenten für ihr – auch abseits der zarten Rückenfilets – wahrhaft köstliches Fleisch gibt.

Wer Hasen liebt, der sollte sie daher auch essen. Während sich um die tierethische Qualität von Kaninchenfleisch in den letzten Jahren viele berechtigte Diskussionen ergeben haben, auf die der verantwortungsvolle Lebensmittelhandel auch entsprechend reagiert hat, sieht die Sache beim Feldhasen völlig anders aus. „Wie bei allen Wildtieren ist auch beim Hasen eine absolut natur- und bodennahe Haltung zu hundert Prozent gewährleistet", sagt etwa der bekannte Tierarzt und Tierethiker Prof. Rudolf Winkelmayer. „Die Tiere wachsen in freier Wildbahn auf und auch ihr Tod verläuft völlig schmerz- und stressfrei: Sie sind nämlich bereits tot, bevor sie noch den Schuss des Jägers, der sie erlegt hat, hören können." Die Jagdprüfungen sind gerade in Österreich sehr streng, und schlechte Schützen haben keine Chance, auf das Wildbret „losgelassen" zu werden.

Da die mittlerweile wesentlich verschärften Schonzeiten, zahlenmäßigen Beschränkungen und Abschusspläne zudem auch „tierrechtlich" vorbildlich gehandhabt werden, sollte der Genuss von Wild im Allgemeinen und Hasen im Besonderen jedoch gerade heute wieder ein echter „Genuss ohne Reue" sein.

Wir essen eher zu wenig als zu viel Wild

Auch mengenmäßig spielt der Wildkonsum in Österreich nur eine eher untergeordnete Rolle. Die rund 1500 heimischen Berufsweidmänner und etwas mehr als 100.000 Jagdscheinbesitzer erlegen alljährlich rund 9000 Tonnen Wildfleisch. Statistisch bedeutet dies, dass nach Abzug aller Felle, Häute, Fetteindeckungen, Abschnitte und Knochen jeder Österreicher jährlich gerade ein Viertel Kilo Wildbret verzehrt. Nicht viel angesichts der Tatsache, dass sich der heimische Durchschnittsesser im selben Zeitraum 37 kg Schweinefleisch einverleibt.

Dabei hat gerade die österreichische Wildküche eine jahrhundertealte Tradition. Immerhin findet man das erste „Wiener Schnitzel" der Kochbuchliteratur in einem 1871 erschienenen Weidmanns-Kochbuch und es handelt sich um ein – allerdings unpaniertes – Wildschweinschnitzel. Obwohl es zu dieser Zeit durchaus bereits eine bürgerliche Wildküche gab, muss man doch einräumen, dass die Wildspezialitäten bis in die Vormärzzeit hinein fast ausschließlich auf den Herrentafeln – und allenfalls in den Stuben der Wilderer landeten. Vielleicht ist gerade das auch ein Grund dafür, dass der größte Teil der Österreicher dem Wildbretgenuss gegenüber bis auf den heutigen Tag skeptisch eingestellt ist.

Die Skepsis ist jedenfalls alles andere als rational begründet. Wildbret zählt, neben Fisch, nämlich zu den eiweiß- und nährstoffreichsten, vor allem aber fett- und cholesterinärmsten Fleischwaren am Markt. Als echtes Naturprodukt eignet sich Wild wie nur wenig anderes Fleisch gerade für einen gesundheitsbewussten Speiseplan. Immerhin ernähren sich die Waldbewohner vorwiegend von biologisch einwandfreien Kräutern, Blattwerk und Gräsern. Freilandhaltung und artgerechtes Aufwachsen sind beim Wild selbstverständlich, Rinderwahn und Mastfuttermissbrauch indessen ausgeschlossen. Auch tierärztliche Trichinenuntersuchungen sind in Österreich strengstens vorgeschrieben – weshalb lediglich bei Wildimporten aus Ländern mit weniger strenger Gesetzeslage, vor allem aus Übersee, eine gewisse Vorsicht angebracht ist.

Genießer, die sich ein ganzes Jahr auf das erste heimische Fasanenbrüstchen der herbstlichen Wildsaison freuen, müssen also kein schlechtes Gewissen haben. Sie brauchen auch keineswegs zu befürchten, dass ihnen ein wegen Überalterung und Krankheit zum Abschuss freigegebenes Wildbret vorgesetzt würde. Die Qualität des österreichischen

Wildbrets wird international gerühmt. Und es kann einem schon passieren, dass man in einem französischen Dreisternerestaurant auf die Frage, durch welche Wälder denn dieses formidable Hirschkalb gestreift sei, zur Antwort erhält: „En Autriche."

Wilde Töpfe

Wild hat gegenüber Schlachtvieh, auch wenn es meist etwas teurer ist, einen wesentlichen Vorteil: Das muskulöse Fleisch hat weniger Wasseranteile, weshalb das Rehgeschnetzelte im Gegensatz zum Kalbsragout auch niemals zum berüchtigten „Dieb im Kochtopf" werden kann.
Auch das alte Vorurteil, das Wild zeitaufwendig tagelang gebeizt, sprich: mariniert, werden müsse, lässt sich heute nicht mehr aufrechterhalten. Das Beizen diente in kühlschranklosen Zeiten einerseits der längeren Haltbarmachung und sollte andererseits den berüchtigten „Hautgoût" überdecken, jenes intensive „Wildeln", das mancher Gourmet des 19. Jahrhunderts schätzte, das aber in einer modernen Wildküche, allein schon aus hygienischen Gründen, nichts mehr verloren hat. Wer sein Wild dennoch beizen will, der tue es aus Geschmacksgründen. Je edler das verwendete Teil des Tieres ist, desto überflüssiger wird es jedoch sein. Und immerhin hat auch schon die „gute alte" Katharina Prato in ihrer Mitte des 19. Jahrhunderts erstmals erschienenen „Süddeutschen Küche" diesem Problem einen für ihre Zeit überraschend modernen Aspekt abgewonnen, als sie schrieb: „Der Gebrauch, Wildbret einzubeizen, ist nur bei alten, zähen Thieren zu empfehlen, wenn man etwas davon länger aufbewahrt. Doch gutes, zartes Fleisch verliert dadurch von seinem eigenthümlichen Geschmacke und nahrhaften Safte. Anderes Fleisch kann man durch Beizen wildbretähnlich machen, besonders wenn man es in Beize gibt, in der man Wildbretabfälle gekocht hat."

Gebraten oder geschmort?

Wie die Frage der richtigen kochtechnischen Zuordnung der einzelnen Wildteile ganz generell eines der wichtigsten Geheimnisse jeder guten Wildküche ist. So können Rückenstücke, gleichgültig ob von Reh, Wildschwein, Hirsch oder Hase, sowohl im Ganzen gebraten werden als auch ausgelöst und wie Steaks kurz gebraten oder gegrillt werden. Ein besonderes Wild-Gustostückerl ist auch die Keule, die im Ganzen gebraten oder geschmort am besten mundet. Aus praktischen Gründen kann man daraus

jedoch auch Schnitzel schneiden und diese, je nach Faserigkeit des Fleisches, entweder kurz braten, panieren oder dünsten. Sowohl Rücken als auch Schlegl eignen sich hervorragend für die sogenannte Niedertemperaturgarung, also das ganz langsame, bei Keulen oft stundenlange Braten auf 110–120 °C, das zu einem besonders zartfleischigen und „rosa" Resultat führt.

Die Schulter sollte ausgelöst werden und ist vor allem für Ragouts, Wildgulasch und Wildgeschnetzeltes, also zum längeren Dünsten auf sehr kleiner Flamme, geeignet. Es lässt sich daraus aber, ebenso wie aus Hals, Brust und Bauch, auch Faschiertes für Wildpasteten oder Wildpüreesuppe zubereiten. Wildsuppen werden übrigens noch aromatischer, wenn man auch Knochen, Sehnen und Abschnitte mitkocht.

Ein Fall für sich ist das Wildgeflügel, bei dem – gleichgültig ob Fasan, Wildente oder Rebhuhn – die alte Hühnerhof-Weisheit, dass das saftigere Fleisch in der Keule und das trockenere in der Brust sitzt, ins Gegenteil verkehrt wird. Bei Wildgeflügel ist das vorzuziehende Stück stets die Brust, deren Zubereitung man allerdings besondere Sorgfalt widmen sollte, damit sie auch wirklich saftig bleibt. Aus Keulen lassen sich hingegen, so man sie nicht im Ganzen mitbrät, hervorragende Suppen und Saucen zubereiten.

Wildbret kommt niemals allein

Ein gutes Wildgericht kommt niemals allein, sondern stets in Begleitung mehrerer, meist äußerst wohlschmeckender Gesellen aus Wald, Acker und Flur auf den Tisch. Da ist zunächst einmal das fast unvermeidliche Wurzelwerk, das – mitgekocht oder mitgedünstet – eine herrliche Rahmsaucenbasis ergibt und vor dem Servieren unbedingt abgeseiht werden sollte. Ein Tipp noch: Verwenden Sie nicht allzu viele Karotten, da die Sauce sonst zu süß wird.

Noch aromatischer als Wurzeln sind Pilze, die – frisch oder getrocknet – als „Fleisch der Wälder" das würzige Wildaroma verstärken. Ähnliches gilt für Beeren und Früchte, die, von Preiselbeeren über Birnen und Feigen bis hin zu Maroni und Weintrauben, vielen Wildgerichten eine raffiniert fruchtige Note verleihen.

Da Wildfleisch über einen sehr starken und unverkennbaren Eigengeschmack verfügt, verträgt es auch intensivere Gewürze und Aromaten wie Wacholder- oder Korianderkörner, Lorbeerblatt, Orangen- und Zitronenzesten, Essig, Nelken, Zimt, Ingwer oder Neugewürz. Auch Kräuter wie Salbei, Thymian oder Waldmeister machen sich gut, wobei die Devise gilt, dass frische Kräuter getrockneten durchwegs vorzuziehen sind. Und zu Gewürzmischungen sollte wirklich nur greifen, wer in seiner Speisekammer gerade absolut nichts anderes griffbereit hat.

Aufgrund der fettarmen Fleischstruktur wird Wildfleisch, gleichgültig ob Hase, Reh oder Fasan, meist noch wohlschmeckender, wenn man es durch Fettzugabe ein wenig ins Rutschen bringt und ihm noch zusätzliches Aroma verleiht. Der kongeniale Wildbegleiter ist in diesem Fall ein grüner oder geräucherter Speck, der mithilfe einer Spicknadel ins Innere bugsiert oder einfach in Scheiben rund um den Braten dressiert wird. In der mediterranen Küche wird der Speck meist durch Olivenöl ersetzt, was dem Gericht allerdings einen völlig anderen geschmacklichen Charakter verleiht.

Bleibt, neben den klassischen Beilagen wie Knödel, Blaukraut oder Erdäpfelkroketten, noch des Wildes vielleicht liebster Vetter, der Alkohol, zu erwähnen. Kräftiger Rotwein (bei Hoch- und Rotwild eher ein Cabernet-Sauvignon oder Blaufränkisch, bei Flugwild eher ein Pinot Noir oder Zweigelt) vermählt sich nicht nur exquisit mit allen Wildgerichten, sondern macht sich – ebenso wie Weinbrand, Cassis, Gin oder Port – auch in der Sauce sehr gut.

Das alles wusste wohl auch Ferdinand Raimunds Jägerfeind Valentin, der am Schluss seines Liedchens versöhnlich einräumte: „'s Wildbret will man auch genießen, folglich muss 's doch einer schießen. Brat'ne Schnepfen, Haselhühner, Gott, wie schätzen die die Wiener! Und ich stimm mit ihnen ein: Jagd und Wildbret müssen sein."

Jagdkalender
von Hans-Friedemann Zedka

Österreich ist zwar ein kleines Land, allerdings sehr reich an Wildtieren. Dies liegt an der Vielfältigkeit der Landschaftsformen und auch an der hohen Qualität des Lebensraumes. Von Feldhasen und Fasanen in der flacheren Ostregion bis hin zu Gams und Steinbock im Hochgebirge im Westen – in Österreich ist nahezu alles europäische Wild vertreten. Aus diesem Grunde gab es im gesamten Land immer schon eine abwechslungsreiche, geschmackvolle Wildküche, den Kreationen am Herd waren nie Grenzen gesetzt. Und das ist bis heute so!

In Österreich leben auf etwa 84.000 km^2 Fläche etwa 8,1 Millionen Menschen. 98% der Fläche werden von etwa 110.000 Jägern flächendeckend jagdlich bewirtschaftet und nach dem Prinzip der Nachhaltigkeit genutzt. Durchschnittlich betreut jeder Jäger etwa 75 Hektar Jagdfläche.

Das in Österreich geltende Revierjagdsystem ist untrennbar mit dem Grundeigentum verbunden, rechtlich ist die Jagd Ländersache, es gibt also für jedes der neun Bundesländer ein eigenes Jagdgesetz. Die Jäger sind verpflichtet, einen gesunden und artenreichen Wildbestand unter Berücksichtigung der Interessen von Land- und Forstwirtschaft zu erhalten. Österreich gilt als Land mit ausgeprägter Jagdgeschichte und Jagdtradition. Vor 1768 war die Jagd ein Vorrecht des Adels, seit 1818 konnten Bürger und Bauern bereits eine Jagd erwerben bzw. pachten. 1849 wurde die Jagd in einem Patent als direkt mit Grund und Boden verbunden anerkannt.

Heute wird die Jagd nach modernen Grundsätzen praktiziert und ist in weiten Teilen der Bevölkerung insgesamt akzeptiert. Man sieht die Jagd nicht allein als lustbetontes Töten, nicht allein als Sport, nicht allein als Wirtschaftszweig, nicht allein als traditionsverhaftete Tätigkeit und auch nicht allein als Vergnügen. Dank einer Wildfleisch-Direktvermarktung nach modernen EU-Standards wird die Jagd zusehends wiederum als Wirtschaftsform zur Erzeugung von hochwertigen Lebensmitteln gesehen.

Die am weitesten verbreitete Wildart Österreichs und damit auch die wirtschaftlich bedeutendste ist das Rehwild, dann folgen die Wildschweine (Schwarzwild), das Rotwild und das Gamswild. Steinwild, Damwild, Muffelwild und Sikawild kommen in freier Wildbahn nur sporadisch vor. Insbesondere im Osten Österreichs ist auch das Niederwild – Hase, Fasan, Rebhuhn, Wildente – von jagdlicher wie wirtschaftlicher Bedeutung.

Jäger, Naturschutz & Wissenschaft

Die Landesjagdverbände sind über ihre Dachorganisation Mitglieder in der Österreichischen Gesellschaft für Natur- und Umweltschutz (ÖGNU), alle Jäger sind Mitglieder beim Österreichischen Naturschutzbund. Jeder Landesjagdverband betreibt verschiedene Förderungsprojekte auf dem Gebiet der Biotophege: Schaffung von Deckungs- und Äsungsflächen; Anbau von Verbissgehölzen und fruchttragenden Wildobstbäumen; Anlage von Brachflächen und Wildäckern; Verbiss- und Fegeschutz für Windschutzstreifen und Saumbiotope. Darüber hinaus werden Lebensraum-Projekte zugunsten verschiedener Wildarten, darunter Rebhuhn, Auerwild, Birkwild, Haselwild, Fischotter, Großtrappe, Luchs, Uhu usw. gefördert.

Die Jäger fördern mit einem jährlichen Betrag von mehr als € 500.000,– die Wildtierforschung in Österreich, etwa an der Veterinärmedizinischen Universität Wien (Forschungsinstitut für Wildtierkunde und Ökologie) und an der Universität für Bodenkultur Wien (Institut für Wildbiologie und Jagdwirtschaft).

Wildfleisch hat Top-Qualität

Obwohl das Wissen um die hohe Qualität des Wildfleisches in den letzten Jahren stark angestiegen ist, kann man noch immer hören, es sei ziemlich teuer, es würde eigenartig schmecken, es sei nicht immer und nicht einfach zu bekommen und es sei relativ schwierig zuzubereiten. Leider ist es so, dass alte Vorurteile, die weit ins vorige und vorvorige Jahrhundert reichen, nicht so leicht vom Tisch gefegt werden können. Als Beispiel sei der heute nicht mehr akzeptable „Hautgout" des Wildfleisches genannt. Der so bezeichnete etwas strenge Geruch kam daher, dass damals Kühlmöglichkeiten, wie wir sie heute als normal betrachten, einfach nicht gegeben waren. Wildfleisch musste also, um es über längere Zeit haltbar zu machen, in Salz oder in Beizen eingelegt werden.

Wildart	Jagdzeit *)
Rotwild	1. 6. – 31. 12.
Rehwild	1. 5. – 31.12.
Gamswild	1. 8. – 31. 12.
Schwarzwild	1. 1. – 31. 12.
Feldhase	1. 10. – 31. 12.
Rebhuhn	1. 9. – 31. 10.
Fasan	1. 10. – 31. 12.
Wildente	1. 9. – 31. 12.

*) kann in den Bundesländern um wenige Wochen variieren

Zu diesen Zeiten ist das Fleisch der jeweiligen Wildart frisch verfügbar. Nachdem Wildfleisch einen sehr geringen Fettanteil aufweist, kann es problemlos über lange Zeit tiefgefroren werden, weshalb es in dieser Form ganzjährig zur Verfügung steht.

Heute kommt das Wildfleisch sofort in die Kühlung und kann seinen zarten Eigengeschmack entwickeln.
Tatsächlich gibt es viele gute Argumente, die mehr als eindeutig für das Wildfleisch sprechen. Wildbret aus freier Wildbahn ist eines der hochwertigsten Nahrungsmittel, die man überhaupt erhalten kann. Nachdem es unbeeinflusst von wirtschaftlichen Interessen direkt aus der Natur kommt, ist es neben Wildfängen von Fischen ein Lebensmittel, dem die Bezeichnung „Bio" in höchstem Maße zusteht.

1. Wildfleisch kommt auf raschem Weg direkt aus der Natur, es stammt von Tieren, die in den Revieren der Umgebung leben.
2. Wildtiere werden vom Jäger in ihrer gewohnten Umgebung erlegt, ohne dass sie dies in der Regel merken. Das bedeutet, es gibt keinen Schlachtstress und keinen Transportstress.
3. Wildtiere haben eine ganzjährige Lebensweise in der Freiheit. Wild kann sich den ganzen Tag über frei bewegen – das trägt zur optimalen Entwicklung des Muskelfleisches bei.
4. Wildtiere können aus einem reichhaltigen Nahrungsspektrum jene Nahrung aussuchen, die ihnen am besten schmeckt. Sie ernähren sich abwechslungsreich direkt aus der Natur von Gräsern und Kräutern und von den Früchten der Jahreszeit. Vitaminreiche und mineralstoffreiche Nahrung gibt es in der Natur in Hülle und Fülle, was zur hohen Qualität des Wildfleisches beiträgt.
5. Daher ist Wildfleisch äußerst fettarm, aber reich an Vitamin- und Mineralstoffen.

Wildbret gehört (neben Fisch aus Wildfängen) zu den eiweißreichsten Fleischarten. Sein Proteingehalt übertrifft in der Regel den des Fleisches der Schlachttiere, es ist leicht verdaulich und hat einen überdurchschnittlich hohen Verwertungsgrad für den Aufbau unseres körpereigenen Eiweißes. Weiters hat Wildbret einen sehr geringen Fettanteil. Da der Cholesteringehalt wesentlich vom Fett abhängt, ist Wild sehr cholesterinarm. Fett tritt zwar als Geschmacksträger auf, doch es genügt ein Anteil von ein bis zwei Prozent, um diese Eigenschaft voll wirksam werden zu lassen. Die Anteile an den für eine gesunde Ernährung so wichtigen „mehrfach ungesättigten Fettsäuren" bzw. „Omega-3-Fettsäuren" sind sehr hoch. Nicht nur deshalb wird Wildfleisch von Ernährungsfachleuten für die moderne Diätküche empfohlen.

Wildfleisch ist gesund

	Tierart	mehrfach ungesättigte Fettsäuren (%)	davon Omega-3 (%)
Wildtiere	Rotwild	68,1	13,3
	Rehwild	65,4	15,0
	Wildschwein	64,7	7,0
	Feldhase	66,5	22,9
Nutztiere	Schaf	31,5	7,6
	Huhn	35,9	3,1
	Hausschwein	48,2	5,6
	Kaninchen	44,6	3,6
Fisch	Wildlachs	33,5	27,8

Quelle: „Wildbret-Hygiene" 2011

Wo erhält man Wildfleisch?

Wildfleisch ist ein heimisches Naturprodukt, das abhängig von der jeweiligen Jahreszeit frisch angeboten wird. Um noch dazu den Vorteil des kürzesten Transportweges zu nutzen, kauft man Wildfleisch am besten beim Jäger in der Umgebung bzw. bei den Wildbret-Direktvermarktern.

Auf der Website www.wildbret.at findet man eine jeweils aktualisierte Liste von Wildbret-Direktvermarktern zum praktischen Download. Diese Übersicht im Excel-Format wird ständig erweitert bzw. aktualisiert. – In einigen Bundesländern erhält man eine diesbezügliche Liste bei den zuständigen Landesjagdorganisationen, Kontakte siehe www.ljv.at .

Wildtiere, kurz vorgestellt

Rehwild

Das Reh, im Sommer rotbraun und im Winter graubraun gefärbt, ist die kleinste geweihtragende Schalenwildart und kommt in Österreich vom Tiefland bis in das Hochgebirge sehr häufig vor. Als ausgesprochener Kulturfolger findet man Rehe auch in der Nähe menschlicher Siedlungen. Etwa 250.000 Rehe werden jährlich in Österreich erlegt, dies ist mit fast 4 Millionen Kilogramm der größte Anteil am Wildfleischaufkommen.

Jägersprache: Die hohen, grazilen Beine nennt der Jäger treffend Läufe, die schmalen, scharfrandigen Hufe Schalen. Der leuchtend, weiße Fleck am Ende des Rückens heißt Spiegel.

Rotwild

Das Rotwild, landläufig oft nur als Hirsche bezeichnet, ist Österreichs größte geweihtragende Wildart mit einer Schulterhöhe bis 1,5 m und einem Gewicht bis zu 150 kg. Männliche Tiere (Hirsche) tragen ein Geweih und eine Halsmähne. Rotwild, dessen Lebensräume in Österreich durch verstärkten Straßen- und Siedlungsbau, Tourismus sowie das veränderte Freizeitverhalten des Menschen stark eingeschränkt worden sind, ist bei uns ein reiner Waldbewohner von der Au bis in die Alpen.

Rund 50.000 Stück Rotwild werden jährlich in Österreich geerntet, gewichtsmäßig ein wesentlicher Anteil am Wildfleischaufkommen (4 Mio. Kg).

Jägersprache: Kopfschmuck = Geweih, Nase = Windfang, Ohren = Lauscher, Fell = Decke, Schwanz = Wedel.

Gamswild

Gams sind ziegenähnliche Hornträger, beide Geschlechter tragen Hörner. Sie kommen im gesamten Alpenbereich vor und leben im Hochgebirge bis zur Gletscherregion. Etwa 20.000 Gams werden in Österreich jährlich erlegt. Kulinarisch besonders bekannt sind die Gamssuppe und die Gamswürstel.

Jägersprache: Die charakteristischen vom Maul bis zum Ohr laufenden, schwarzen Streifen nennt der Jäger Zügel.

Wildschweine

Das Wildschwein, zu Hause in den Flachlandregionen, Augebieten bis in das Mittelgebirge des Voralpenlandes, hat seinen Lebensraum in den letzten Jahren in ganz Europa deutlich erweitert. Noch nie vorher wurden so viele Wildschweine erlegt wie heute. Damit es in den landwirtschaftlichen Kulturen nicht zu hohen Schäden kommt, muss

sehr intensiv gejagt werden, jährlich werden um die 30.000 Stück erlegt. Fleisch vom Wildschwein ist ganzjährig frisch erhältlich, ein „Edelgulasch vom Wildschwein" gilt als eine kulinarische Delikatesse.
Jägersprache: Wildschweine werden vom Jäger als Schwarzwild bezeichnet, das Männchen wird Keiler genannt, das weibliche Stück Bache und die charakteristisch längsgestreiften Jungen Frischlinge.

Feldhase

Der Feldhase lebt in den Niederungen und im Hügelland. Die Häsin kann 3- bis 4-mal in einem Jahr jeweils 2 bis 4 Junge gebären („setzen"). Die Zahl der Feldhasen – in den letzten Jahrzehnten u. a. durch verstärkte Mechanisierung bei der Heu- und Getreideernte und den Einsatz von Spritzmitteln stark zurückgegangen – ist wiederum im Steigen. Jährlich werden etwa 100.000 Feldhasen geerntet, das Fleisch ist sehr geschmackvoll und besonders beliebt.
Jägersprache: Die langen Ohren des Feldhasen werden Löffel genannt, den kurzen, stark behaarten Schwanz nennt man Blume, abrupte Richtungswechsel einen Haken schlagen, das Lager des Hasen wird als Sasse bezeichnet.

Wildfasan

Fasane brauchen einen Lebensraum mit offenen Flächen zur Nahrungsaufnahme sowie Hecken und Sträucher zum Schutz vor Feinden, dazu im Sommer genügend Wasserstellen und im Winter nur eine leichte Schneedecke. In Österreich sind sie hauptsächlich im Flachland und teilweise im Voralpengebiet verbreitet. Um die 100.000 Fasane werden jährlich in Österreich erlegt, kulinarisch ist ein „Fasan im Speckhemd" wohl ganz oben in der Beliebtheitsskala.
Jägersprache: Fasane baden gerne im Sand, um ihr Gefieder zu reinigen – das nennt der Jäger hudern.

Rebhuhn

Rebhühner, wesentlich kleiner als Fasane, kommen in Ostösterreich vor. Sie kommen heute dank intensiver Bemühungen der Jäger in Richtung Lebensraumverbesserung und vieler landwirtschaftlicher Stilllegungsflächen wieder in größeren Stückzahlen vor, sodass jährlich etwa 10.000 Rebhühner nachhaltig geerntet werden können. Das zarte Fleisch des Rebhuhns, insbesondere die Brust, ist in der Wildküche sehr geschätzt.
Jägersprache: Rebhühner leben im Familienverband, der Jäger nennt das eine Rebhuhnkette.

Auerwild

Auerwild ist die größte europäische Hühnerart und bewohnt die lichten Nadel- und Mischwaldgebiete der österreichischen Alpen. Das Balzgeschehen (Liebeswerben) beginnt im März und geht bis in den Juni. In kontrollierter Jagd werden in Österreich jährlich etwa 500 Auerhahnen erlegt. Die Auerhahnbrust zählt zur kulinarischen Delikatesse, ist allerdings nur selten erhältlich.
Jägersprache: Der Schnabel wird Brocker genannt, weil das Wild gerne Heidelbeeren „brockt".

Birkwild

Das Birkhuhn, wesentlich kleiner als das Auerwild, bewohnt bei uns die Hochgebirgsregion im Bereich der Waldgrenze und darüber. Erlegt werden jährlich etwa 2200 Birkhahnen, die Birkhahnbrust ist ein besonderes Geschmackserlebnis in der Wildküche.
Jägersprache: Die weithin sichtbaren roten Augenbrauen werden Rosen genannt.

Bezeichnung wesentlicher Fleischteile

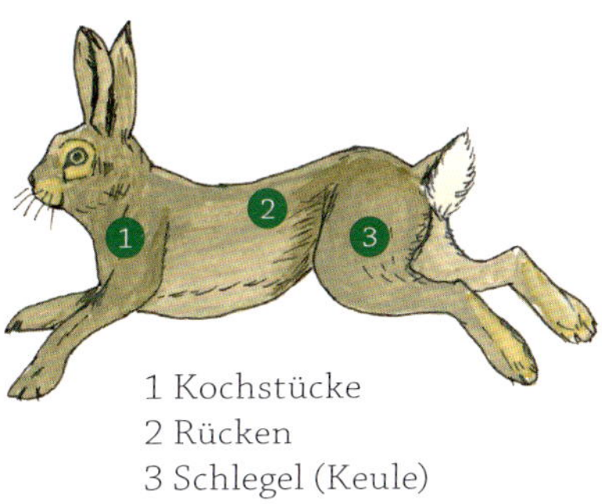

1 Kochstücke
2 Rücken
3 Schlegel (Keule)

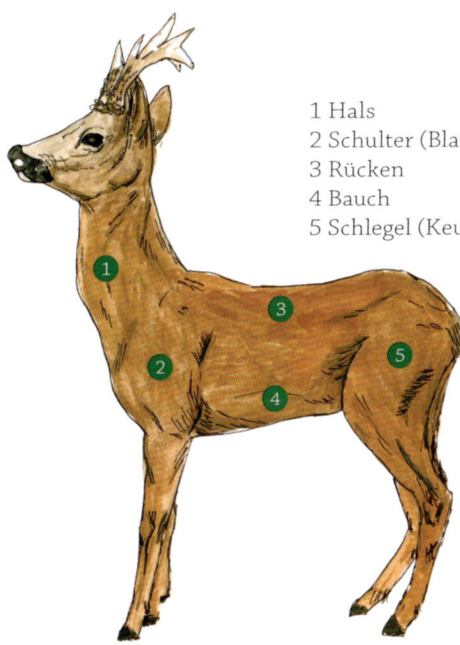

1 Hals
2 Schulter (Blatt)
3 Rücken
4 Bauch
5 Schlegel (Keule)

Zerwirkkunde – Wildfleischzerlegung
von Hans-Friedemann Zedka

Grundsätzlich kann Wildfleisch beim Jäger in verschiedenen Stadien bezogen werden:

1. Im Fell (Decke, Schwarte, Balg) – das bedeutet, dass man das Wild selbst enthäuten und in die großen Einzelteile zerlegen muss. Das Wild ist lediglich sauber ausgenommen, sowohl Reh, Hirsch, Wildschwein etc. als auch Feldhase, Fasan und Wildente. Diese Variante ist zwar preislich die günstigste, nicht jeder wird allerdings den geeigneten Platz bzw. die nötige handwerkliche Geschicklichkeit dafür haben.

2. In große Einzelteile zerlegt – das bedeutet, das Wild ist enthäutet und in große Teile (etwa Rücken, Keulen, Seitenteile usw.) zerlegt. Man muss die großen Stücke nur noch von den Knochen (wenn gewünscht) befreien und in kleinere Mengen teilen, was mit einigem Geschick und einem scharfen Messer auch in der eigenen Küche bewerkstelligt werden kann. Diese Variante ist wohl die häufigste und preislich absolut interessant.

3. In kleine Einzelteile zerlegt – das bedeutet, dass die Fleischteile bereits portioniert, vakuumverpackt und beschriftet sind. Man muss das Wildfleisch in der Küche nur noch zubereiten bzw. die Päckchen in den Kühlschrank oder für längere Lagerung in den Tiefkühler geben. Diese Variante ist die weitaus bequemste, allerdings selbstverständlich etwas teurer.

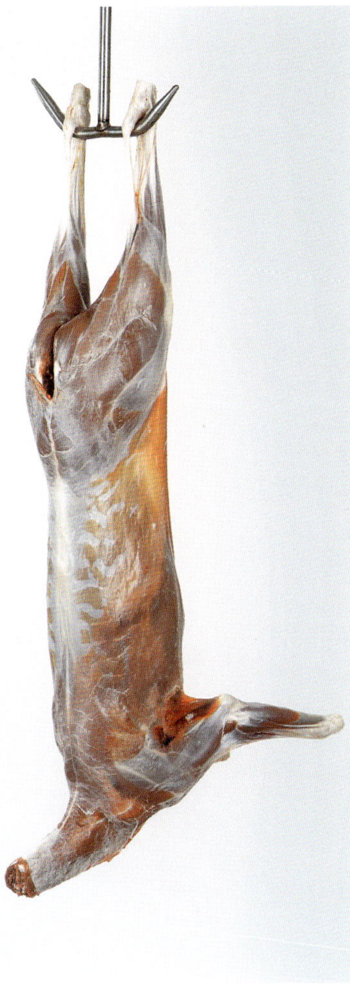

Die häufigste Variante ist der Wildfleisch-Verkauf in großen Teilen. Um das Auslösen der Knochen und das Zerlegen in kleinere Teilstücke zu erleichtern, hier eine Abfolge der Arbeitsschritte in einer Fotoserie.
Basis für eine hygienische wie effiziente Arbeitsweise ist wie überall gutes Werkzeug. Dazu gehören ein scharfes, ausreichend großes und gut zu reinigendes, desinfizierbares Messer, eine Knochensäge (bei großem Wild) bzw. eine Knochenzange und ein großes Schneidbrett. Für eine weitere Lagerung bzw. Vakuumierung werden zusätzlich Kunststoffbeutel, ein Vakuumier-Gerät, Vakuumier-Beutel, Etiketten usw. benötigt.

Ein Stück Rehwild hängt fertig zum Zerwirken (Zerteilen in die Einzelteile) an den Hinterläufen, das Fell (vom Jäger „Decke" genannt) wurde bereits entfernt.

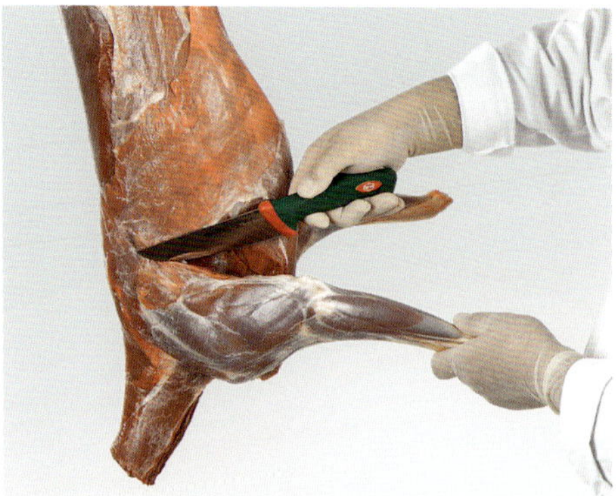

Beim Abtrennen der Vorderläufe wird der Lauf im Schulterbereich etwas vom Körper weggezogen und am Ansatz zum Rücken gelöst.

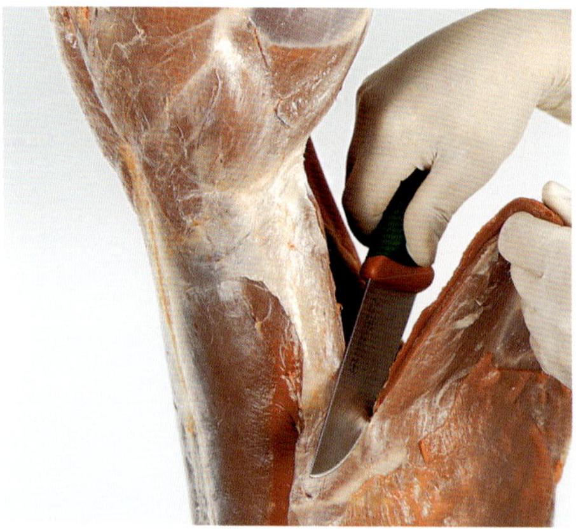

Abtrennen der Seitenteile im Bauch-Bereich (Bauchlappen) mit dem Messer

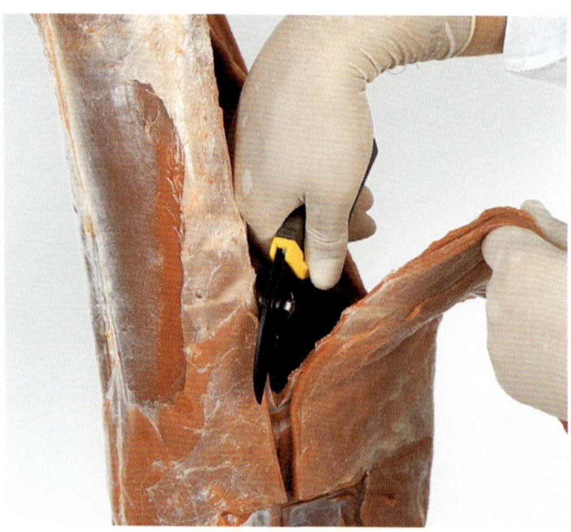

Abtrennen der Seitenteile im Rippen-Bereich (Brustwand) mit der Knochenzange (Zerwirkzange)

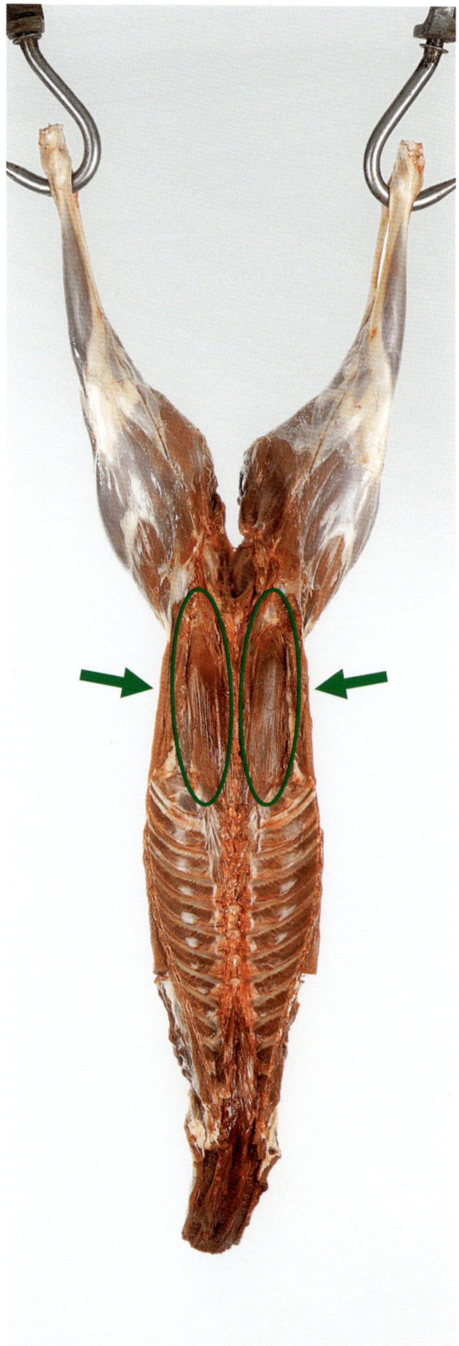

Es verbleiben Hals, Rücken und die beiden Hinterläufe. – Der wertvolle Lungenbraten (Pfeile) liegt an der Unterseite des Rückens, er kann am Rücken verbleiben oder bereits jetzt ausgelöst werden. Wichtig ist, nicht hineinzuschneiden.

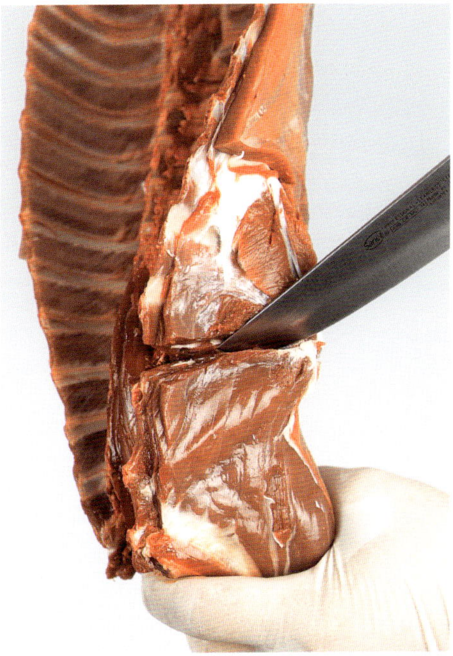

Der Hals wird vom Rücken zwischen 4. und 5. Brustwirbel abgetrennt

Der ausgelöste Lungenbraten – ein sehr wertvoller Fleischteil

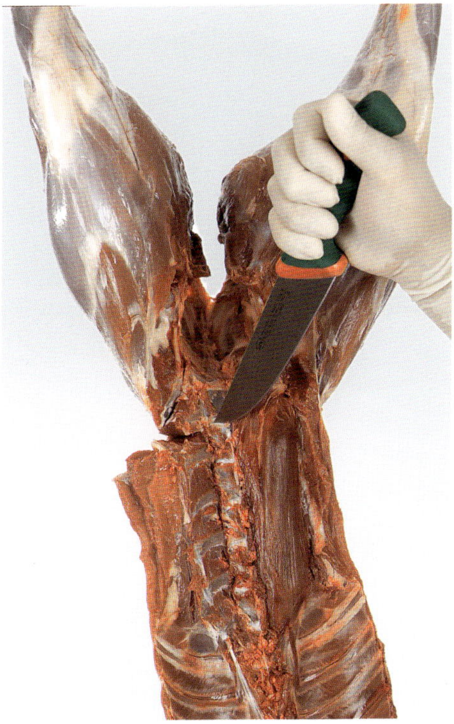

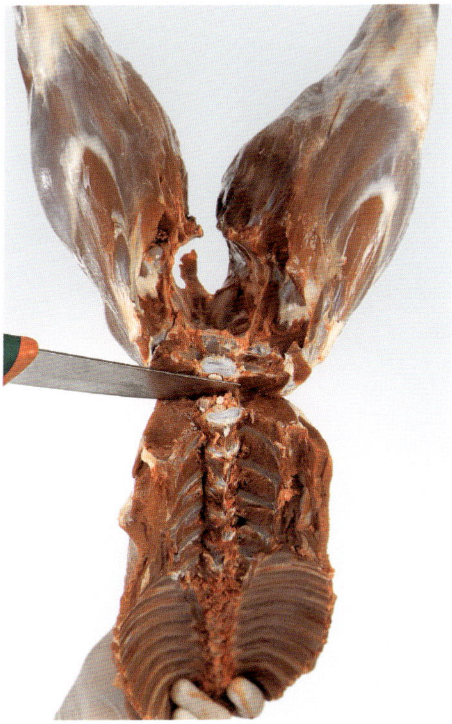

Absetzen des Rückens: links Schnittansatz (der rechte Lungenbraten muss noch ausgelöst werden); rechts Trennschnitt vor dem Beckenknochen

Das Reh ist grob zerwirkt:
1 Lungenbraten
2 Hinterläufe
3 Rücken
4 Seitenteile (Brustwand, Bauchlappen)
5 Vorderläufe
6 Hals

Ein sehr wertvoller Fleischteil ist der Rücken – im Bild ein Rücken vom Rotwild. Häutchen und dünnes Fettgewebe müssen noch entfernt werden.

Die Rückenstränge werden mit Schnitten gegen den Knochen herausgetrennt – beim Wild werden diese (laut Österr. Lebensmittelbuch) ebenso als Filets bezeichnet, wie der Lungenbraten.

Auslösen des Hinterlaufes am Beispiel von Rotwild

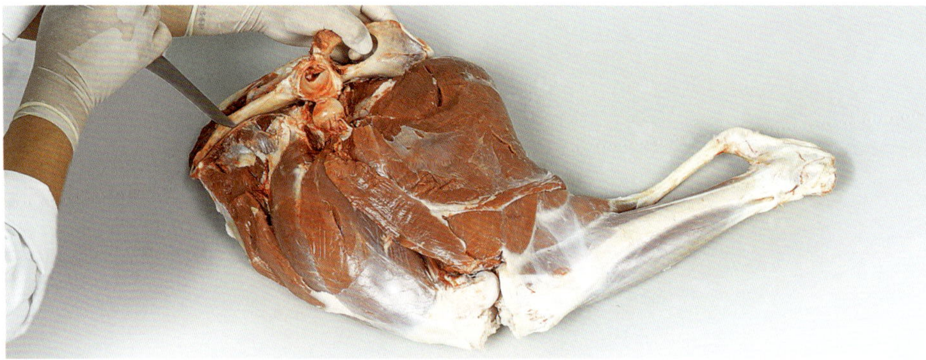

Begonnen wird am Beckenknochen, mit Schnitten gegen den Knochen wird das Fleisch vorsichtig ausgelöst

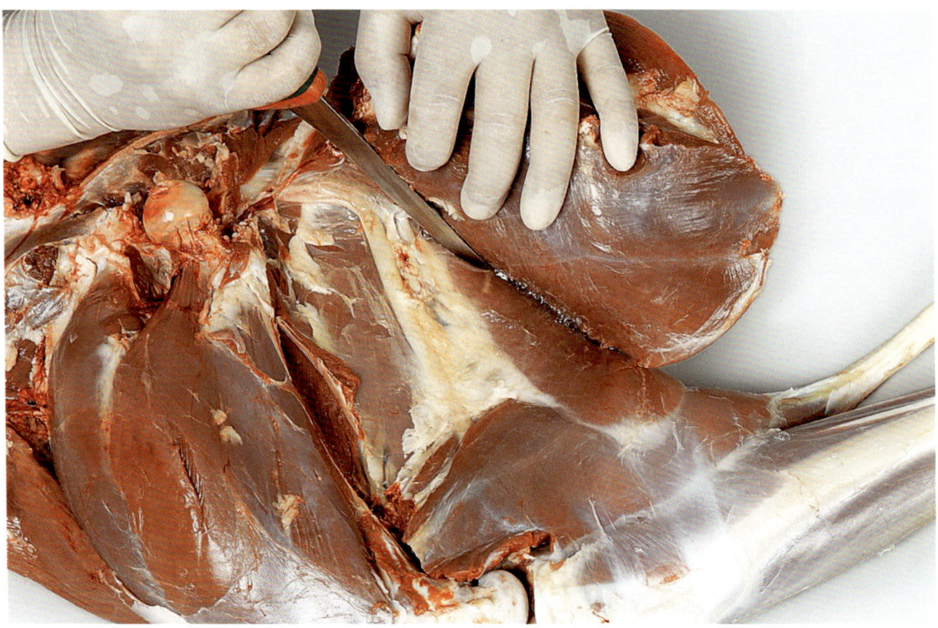

Die Schale wird dem Muskelverlauf folgend abgetrennt

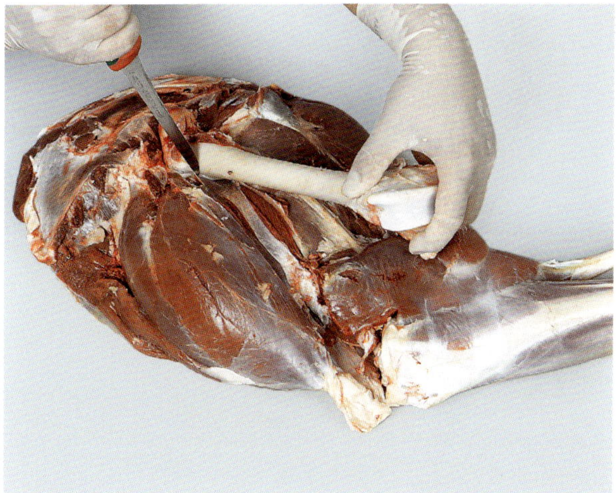

Oberschenkelknochen vom Unterschenkelknochen im Kniegelenk trennen und mit Schnitten gegen den Oberschenkelknochen unter leichtem Zug vom Fleisch lösen

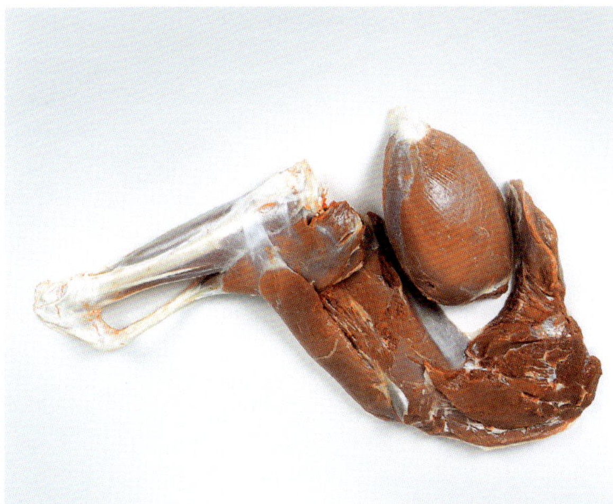

Auslösen der Nuss nach dem Muskel bzw. Bindegewebsverlauf

Einzelteile des Hinterlaufes:
1 Schale mit Deckel,
2 Frikandeau,
3 Nuss,
4 Schlussbraten,
5 Unterschenkel mit Knochen

Der Vorderlauf wird ähnlich wie beim Hinterlauf beschrieben entbeint – das Fleisch eignet sich unter anderem für Rollbraten (unten), Ragout, Faschiertes, aber auch für Wildpasteten

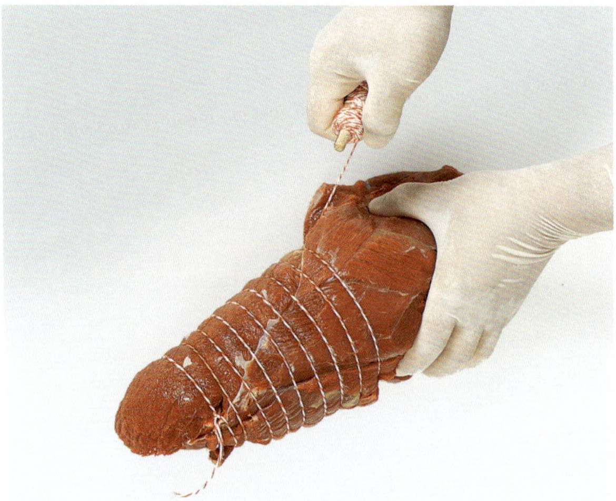

Für den Rollbraten werden die Fleischteile der Vorderläufe gerollt ...

... und mithilfe von Küchenspagat in Form gebunden

Feldhase im Ganzen, vom Fell (Balg) befreit, fertig zum Zerteilen in die Einzelteile

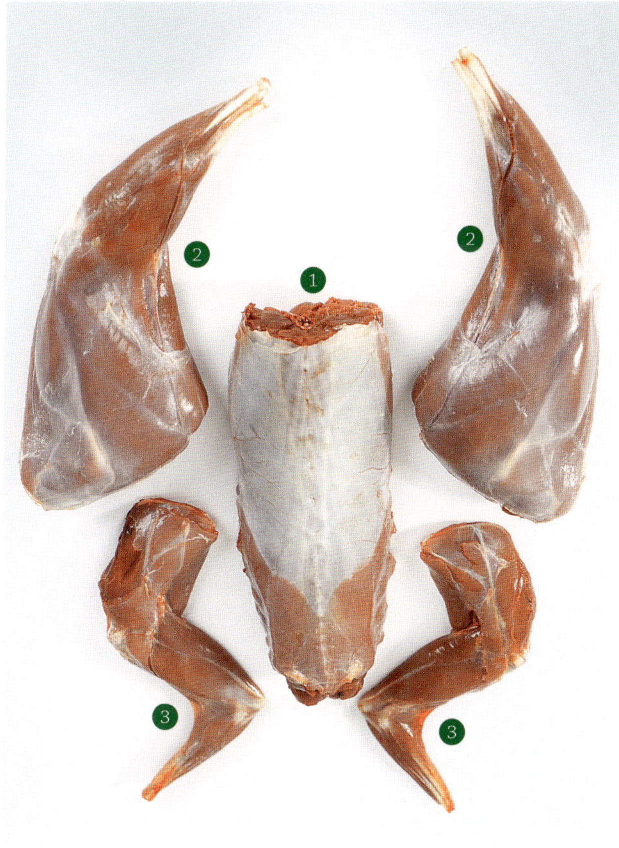

Der Feldhase grob zerwirkt:
1 Rücken,
2 Hinterläufe,
3 Vorderläufe

Fertig zugerichteter Fasan, bereit zum Weiterverarbeiten bzw. Kühlen

Fasan vakuumverpackt, fertig zum Etikettieren und anschließenden Kühlen oder Einfrieren

Wildküche
von Toni Mörwald

Warum geht man eigentlich auf die Jagd?

Die Antworten auf diese Frage sind leider meist gelogen. Oder doch sehr geheuchelt! Da wird mit Pathos das edle Weidwerk bemüht – und der Laie nickt anerkennend. Fast glaube ich es selbst, dabei weiß ich es besser ... Selbstverständlich muss ein Ausgleich zwischen Wildbestand und Zustand des Waldes geschaffen werden, um das Gleichgewicht in der Natur aufrechtzuerhalten. Die jagende Zunft kann ihren Beitrag im Konflikt zwischen Geschäftsinteressen und Tierschutz leisten. Aber mal ehrlich: Was die meisten von uns Jägern bei jedem Wetter hinaustreibt, ganze Mondnächte durchfrieren, alle Termine vergessen und den Hochstand samt Rauhaardackel vor Jagdfieber erzittern lässt, ist etwas ganz anderes: Es ist die brisante Mischung aus archaischem Beutetrieb, nostalgischem Pfadfindertum und Abenteuerspielplatz, die Weidmänner und -frauen in die Gummistiefel hetzt.

Die Aufgabe von Profiförstern genauso wie von Hobbyjägern ist es, die Harmonie der Lebensräume aufrechtzuerhalten. Das bedeutet, auch wenn so mancher den Wildbestand eindämmt, um den Lebensraum für sein Jagdtier aufrechtzuerhalten, dient es letztendlich dem Naturschutz.

Gerade als Koch der Jahreszeiten-Küche weiß ich die Früchte der Jagd zu würdigen und mich ihrer zu bedienen. Durch die Festlegung im Jagdkalender kommen saisonal immer weitere frische Fleischsorten dazu. Der eigentliche und wichtigste Start in die Wildbretsaison ist im Mai mit dem sogenannten Maibock, das erste erhältliche frische Rehwild im Jahr. Rotwild und Gams sind ab Anfang Juli zu bekommen, ganzjährig wird auch Wildschwein gejagt. Die intensivsten Zeiten des Jägers sind natürlich Herbst und Winter. Da liefert er der Küche zusätzlich das hochbegehrte Niederwild wie Hase, Fasan, Rebhuhn und Wildente. Ein Highlight der Jagdsaison ist die Hirschbrunft im September/Oktober, wo unsere größte heimische Wildart, das Rotwild, Hochzeit hält.

Wild lässt sich also das ganze Jahr in den Speiseplan einbauen, wenn Sie Wert auf Frische bei der Fleischqualität und Variantenreichtum legen.

Geschmack

Der Geschmack hat sich in den letzten Jahren auch bei Wildgenießern etwas geändert. Diejenigen, die das lange Abhängen bevorzugen, das dem Wild

den typischen Reifegeschmack „Hautgout“ verleiht, sind mittlerweile in der Minderzahl. Immer mehr Köche schätzen dagegen den frischen Geschmack von Reh, Hirsch und Wildschwein. Ich bekenne mich auch zu dieser Vorliebe. Denn ich finde, Reh soll in erster Linie nach Reh und nicht nach Hautgout schmecken. Ich mariniere daher auch Rehfleisch nicht bzw. lege es auch nicht in Beize ein. Natur pur – schmeckt einfach besser!

Schutzmantel

In einem Punkt sind sich alle einig: Wild sollte man grundsätzlich abhängen lassen, damit das Fleisch noch besser und zarter wird (Fleischreifung). Das erfolgt meist beim Jäger bzw. beim Wildbret-Händler im Kühlraum, noch bevor das Wild gehäutet wird. Nach dem Erlegen des Wildes tritt die Totenstarre ein, die sich nach 24 bis 36 Stunden wieder löst. Die Muskelfasern quellen etwas auf, ein saftiger Eindruck wird vermittelt, das Fleisch wird zarter und entwickelt sein volles Aroma. Wenn Sie Ihr Fleisch beim Wildbret-Händler oder beim Jäger beziehen, achten Sie darauf, dass es einige Tage im Kühlraum gelagert wurde. Sollten Sie Wild ganz frisch erhalten, so lassen Sie es auf jeden Fall einige Tage im Kühlschrank liegen, bevor Sie es verzehren oder einfrieren.

Zeit der Reife

Wie lange Sie Wild abhängen lassen, hängt vor allem von zwei Faktoren ab: von Ihrem Geschmack und vom Alter des Tieres. Wichtig ist auch, dass Wildbret keinen zu großen Schwankungen bei Temperatur und Luftfeuchtigkeit ausgesetzt ist. Jungwild sollte prinzipiell mindestens drei Tage, ein- und mehrjähriges Wild etwa fünf bis sieben Tage abhängen, um seinen vollen Geschmack zu erreichen.
Gut zu verarbeiten ist etwa das Hirschkalb, es hat einen etwas intensiveren Geschmack. Ist es vier, fünf Tage in der Decke abgehangen, fange ich an, das Wild systematisch in Teilstücke zu verarbeiten, beginnend bei den großen Stücken wie Schlegel und Rücken, weiter dann mit den kleinen Teilstücken wie etwa Gulaschfleisch oder Ähnlichem. Für den Hausgebrauch kann es jetzt eingefroren werden.

Bardieren

Das Bardieren ist ein Verfahren aus der klassischen Küchenpraxis, bei dem die einzelnen Wildstücke mit Speck umwickelt werden. Auch Fonds, möglichst frisch zubereitet, dürfen in der echten Wildküche nicht fehlen. Die Vorzüge: Reh und Wildschwein können Sie auch ohne den schützenden Speckmantel oder das häufig verwendete Schweinsnetz braten, vorausgesetzt, Sie gehen bei der Zubereitung behutsam vor. Denn weit wichtiger als der Schutz vor zu starker Hitze oder vor dem Austrocknen ist meines Erachtens der geschmackliche Gewinn. Der Räuchergeschmack des angebrutzelten Specks gibt dem Fleisch nämlich eine ganz besondere Note. Beim Bardieren können Sie die einzelnen Fleischstücke ganz, zur Hälfte oder auch streifenweise mit Speck umwickeln. Je nach Vorliebe eignen sich zum Umwickeln Scheiben von fettem, geräuchertem Schweinewammerl. Wer den Rauchgeschmack nicht mag, nimmt grünen Speck oder das erwähnte Schweinsnetz.

Spicken oder nicht?

Beim Spicken wird das Fleisch mit Speckstreifen durchzogen. Das soll wie das Bardieren vor dem Austrocknen schützen. Gespickt wird mit einer speziellen Nadel (Spicknadel), und zwar immer parallel zur Faser. Dadurch wird das Fleisch nach dem Aufschneiden gleichmäßig mit Fett durchzogen. Nehmen Sie zum Spicken am besten grünen Speck, er verfälscht den Fleischgeschmack nicht. Ich selbst bin kein Freund des Spickens, denn es trägt meiner Meinung nach kaum zu einer Qualitätsverbesserung bei. Meine Philosophie ist daher: Wenn Sie stets das richtige Stück vom Fleisch wählen und es sorgfältig und behutsam braten, können Sie aufs Spicken verzichten!

Einlegen

Ich halte auch nicht viel vom Einlegen. Anders verhält es sich, wenn Sie beispielsweise aus einem Schulterstück einen Sauerbraten machen möchten. Dann müssen Sie das Fleisch etwa eine Woche einlegen. Beim Einlegen wird das Fleisch in erster Linie konserviert, aber auch mürbe. Nur in zweiter Linie erreichen Sie eine Geschmacksverbesserung. Wenn Sie sich fürs Einlegen entscheiden, ein Tipp: Besonders zart wird das Fleisch durch Buttermilch und aromatischer in einer Rotwein-Marinade. Zum Einlegen des Sauerbratens übergieße ich das Fleisch mit einem heißen Sud aus Essig, Wurzelgemüse und Gewürzen.

Wildfond

Bereiten Sie selten Wildgerichte zu, reicht es, den Fond gleichzeitig mit dem Braten oder Schmoren anzusetzen. Wer häufig Wild zubereitet, sollte den Fond auf Vorrat herstellen. Für einen Liter Fond benötigen Sie zwei Kilogramm Wildknochen, idealerweise Rückenknochen (Karkassen), Fleisch und Sehnenabschnitte, zerkleinertes Wurzelgemüse der Saison, zum Beispiel Petersilienwurzeln, Sellerie, Karotten, Zwiebel und gut vier Liter Wasser zum Aufgießen. Dann brauchen Sie noch zwei bis drei Stunden Geduld, denn so lange muss der Wildfond bei schwacher Hitze vor sich hinköcheln. Zwischendurch mit einem Sieblöffel den Schaum abschöpfen (degrassieren). Die Wildgewürze erst eine Stunde vor Ende der Garzeit dazugeben. Wichtig ist, dass Sie den Fond von Anfang an leicht salzen, damit das Salz das Aroma aus den Knochen ziehen kann.

Wildgewürze

Wacholder, Koriander, Rosmarin, Thymian, aber auch Beifuß, Piment und Nelken gehören in der Fachsprache zu den Aromatika. Unter diesem nüchternen Begriff fasst der Profi alles zusammen, was Reh, Wildschwein, Feldhase, Wildkaninchen und Wildgeflügel eine besondere Note verleiht. Für sämtliche Wildgewürze gilt: Weniger ist mehr! Also mit Gewürzen sparsam umgehen, dosiert einsetzen und vorab im Mörser zerkleinern.

MÖRWALD

Rezepte

Geschmorte Fasanenhaxerln
mit Erbsencreme und Eierschwammerln

ZUTATEN FÜR 4 PERSONEN

4 Stück Fasanenhaxerln
Salz, Pfeffer
Öl
200 g Wurzelwerk,
würfelig geschnitten
1 Rosmarinzweig
2 Lorbeerblätter
½ EL Paradeismark
¼ l kräftiger Rotwein
Stärkemehl,
½ l Wildfond (s. Seite 224)
1–2 EL kalte Butter

Erbsencreme
400 g Erbsen (tiefgekühlt)
1 TL Backpulver
100 ml Schlagobers
Salz
40 g braune Butter
Pfeffer

Eierschwammerln
Butter
400 g Eierschwammerln, geputzt
1 Stück Junglauch
Salz, Pfeffer
1 kleiner Bund Schnittlauch,
geschnitten

Fasanenhaxerln in Ober- und Unterkeule teilen, würzen und in einem Schmortopf rundum anbraten.
Wurzelwerk, Rosmarin und Lorbeerblätter beigeben und mitrösten. Dann das Paradeismark beigeben und weiterrösten. Mit Rotwein ablöschen, einkochen lassen und dann mit Wildfond aufgießen.
Schmortopf mit Deckel oder Alufolie verschließen und im vorgeheizten Rohr bei 200 °C etwa 30 Minuten garen.
Schmorfond durch ein feines Sieb seihen, Stärke mit kaltem Wasser glatt rühren, Sauce damit binden, mit Butter montieren und abschmecken.
Erbsencreme: Erbsen in mit Backpulver versetztem Salzwasser weich kochen, abseihen, in Eiswasser abschrecken, abseihen und gut abtropfen lassen. Anschließend in einem hohen Gefäß mit Obers, brauner Butter, Salz und Pfeffer pürieren und durch ein feines Sieb streichen.
Eierschwammerln: In einer breiten Pfanne die Butter erhitzen, Eierschwammerln darin rösten, bis eventuell austretende Flüssigkeit vollständig verdampft ist.
Junglauch putzen, waschen, in feine Ringe schneiden, kurz mitrösten, mit Salz sowie Pfeffer abschmecken. Vor dem Anrichten Schnittlauch unterrühren.

Fasanenbrust
mit Schwarzwurzelmus

ZUTATEN FÜR 4 PERSONEN

4 Fasanenbrustfilets
Salz, Pfeffer
etwas glattes Mehl
Bratfett

Schwarzwurzelmus
½ kg Schwarzwurzeln
2 Blätter Gelatine
Salz, Zitronensaft
Walnussöl
⅛ l Schlagobers
2 EL Sauerrahm
1 EL Walnüsse, grob gehackt

Die Fasanenbrüste salzen, pfeffern, auf der Hautseite mit Mehl einreiben und in einer Pfanne in heißem Fett auf beiden Seiten kurz anbraten; Fleisch aus der Pfanne nehmen und im vorgeheizten Rohr bei 90 °C rasten lassen. Schwarzwurzeln schälen, kleinblättrig schneiden und in Salzwasser weich kochen. Gelatine in reichlich Wasser einweichen. ¼ kg Schwarzwurzeln pürieren. Gelatine gut ausdrücken, vorschriftsmäßig auflösen und unter das Schwarzwurzelmus rühren; mit Salz, Zitronensaft und Walnussöl abschmecken. Schlagobers halb steif schlagen und unterziehen. Masse in eine mit Klarsichtfolie ausgelegte Pyramidenform (oder Ähnliches) füllen, Oberfläche glatt streichen und zugedeckt im Kühlschrank etwa 2–3 Stunden fest werden lassen; anschließend auf einen Teller stürzen, Folie entfernen.
Sauerrahm mit Walnüssen und Walnussöl gut verrühren, restliche Schwarzwurzeln untermengen, abschmecken.
Fasanenbrustfilets mit Schwarzwurzelmus und Rahm-Schwarzwurzelsalat anrichten.

Tipp:
Eventuell mit frittierten Schwarzwurzeln garnieren.

Fasan
mit Beluga-Specklinsen

ZUTATEN FÜR 4 PERSONEN

1 Fasan, küchenfertig
Salz, Pfeffer aus der Mühle
10 Scheiben Bauchspeck
Öl und Butter zum Braten
¼ l Wildfond oder milde Bouillon

Fülle
2 Äpfel
2 Zwiebeln, geschält
1 Rosmarinzweig
1 Thymianzweig
1 EL Majoran (getrocknet)
Salz, Pfeffer

Linsen
150 g Beluga-Linsen
50 g Speck
Balsamico-Essig
Schlagobers
Salz, Pfeffer
4 Scheiben Hamburgerspeck

Fasan innen und außen mit Salz und Pfeffer würzen.
Fülle: Zwiebeln schälen. Ungeschälte Äpfel und Zwiebeln grobwürfelig schneiden, mit den Kräutern und Gewürzen vermengen, Fasan damit füllen, Öffnung gut verschließen. Fasan mit Speckscheiben belegen und mit Küchengarn binden. Öl mit Butter in einer Bratwanne erhitzen, Fasan darin rundum anbraten, mit der halben Fondmenge übergießen und im vorgeheizten Rohr bei 160 °C etwa 35–40 Minuten braten. Nach und nach mit restlichem Fond übergießen. Fasan aus der Bratwanne nehmen, Bratensaft abseihen und abschmecken.
Specklinsen: Linsen in Salzwasser blanchieren, abseihen und kalt abschrecken; gut abtropfen lassen. Speck in Würfel schneiden und in einer Pfanne anrösten, Fett abgießen und Linsen in den Bratrückstand geben, mit Balsamico-Essig ablöschen und mit Schlagobers aufgießen, bei geringer Hitze zu cremiger Konsistenz einkochen lassen und mit Salz und Pfeffer abschmecken.
Hamburgerspeck in einer Pfanne knusprig braten und beim Anrichten auf die Linsen setzen.

Tipp:
Fasanfleisch ist sehr zart, daher bitte sorgfältig braten!

Fasan-Cordon bleu
mit Braterdäpfeln

ZUTATEN FÜR 4 PERSONEN

4 Fasanenbrüste à 200 g
Salz, Pfeffer
8 Scheiben Emmentaler
8 Scheiben Beinschinken
Mehl
2 Eier
Weißbrotbrösel (siehe Tipp), ersatzweise Semmelbrösel
Schweineschmalz zum Backen
frischer Kerbel zum Garnieren
1 Zitrone, in Spalten geschnitten

Braterdäpfel
1 kg Erdäpfel
Butter zum Braten
Salz, Pfeffer
Muskatnuss
2–3 EL Petersilie, gehackt

Fasanenbrüste zwischen Folie mit der glatten Seite des Fleischklopfers behutsam klopfen. Folie entfernen und Schnitzel beidseitig salzen und pfeffern. Jeweils zwei Käse- und Schinkenscheiben auf jeweils eine Fleischhälfte legen. Fleisch in der Mitte zusammenklappen, Ränder festdrücken. Hinweis: Am besten mit der flachen Seite des Fleischklopfers zusammenklopfen.
Anschließend gefüllte Schnitzel in Mehl, verquirlten Eiern sowie Weißbrotbröseln panieren; in heißem Fett schwimmend, auf beiden Seiten jeweils etwa 3 Minuten, ausbacken. Auf Küchenkrepp gut abtropfen lassen. Cordon bleu mit Kerbel und Zitronenscheibe garnieren und mit Braterdäpfeln anrichten.
Braterdäpfel: Erdäpfel waschen, schälen und vierteln. In kochendem Salzwasser etwa 5 Minuten kochen, mit einem Lochschöpfer herausheben, gut abtropfen lassen und anschließend in aufgeschäumter Butter goldbraun braten. Mit Salz, Pfeffer und Muskat abschmecken und mit gehackter Petersilie verfeinern.

Tipp:
Weißbrotbrösel: Entrindetes Toastbrot im Backrohr bei 60 °C zwei Stunden trocknen, anschließend fein reiben oder im Cutter zerkleinern.

Fasanenbrust
mit Entenleber im Kohlblatt

ZUTATEN FÜR 6 PERSONEN

840 g Fasanenbrüste
2 Kohlblätter
Salz, Pfeffer

Rotkraut
1 kleiner Rotkrautkopf
3 EL Honig
⅛ l Rotwein
Nelkenpulver
Lebkuchengewürz
Zimt, Preiselbeeren
Salz, Pfeffer

Farce
50 g Hühnerfleisch
50 ml Schlagobers
Salz, Pfeffer
Cognac

Leber
300 g Entenleber
etwas Mehl
Öl zum Braten
Salz, weißer Pfeffer
eventuell etwas Wildfond zum Anrichten

Kohlblätter blanchieren, kalt abschrecken und gut abtropfen lassen, Kohlblätter auf Klarsichtfolie legen, salzen und pfeffern.
Farce: Hühnerfleisch faschieren und anschließend im Cutter mit Obers, Salz, Pfeffer und Cognac zu einer cremigen Farce verarbeiten.
Fasanenbrüste auf die Größe der Kohlblätter zuschneiden. Farce auf die Kohlblätter streichen und die Fasanenstücke darauflegen; salzen, pfeffern und mit der Folie einrollen; im Wasserbad bei 80 °C etwa 10 Minuten garen.
Rotkraut: Rotkraut putzen, Strunk entfernen und Kraut in Rauten schneiden; in einer Pfanne Honig karamellisieren, Rotkraut beifügen, mit Rotwein ablöschen, durchschwenken und mit Zimt, Nelkenpulver, Lebkuchengewürz, Salz, Pfeffer und Preiselbeeren würzen; weich dünsten.
Entenleber: Entenleber mit Salz und Pfeffer würzen, in Mehl wenden und in erhitztem Fett unter mehrmaligem Wenden etwa 2 Minuten braten.
Entenleber und Fasanenbrust im Kohlblatt (eventuell auf Wildfond) anrichten, mit Rotkraut servieren.

Fasanenbrust
im Speckmantel mit Trüffel-Polenta und herbstlichem Gemüse

ZUTATEN FÜR 6 PERSONEN

6 Fasanenbrüste
Salz und weißer Pfeffer
12 Scheiben Speck
Öl und Butter zum Braten
3 Thymianzweige
3 Lorbeerblätter
5–6 Wacholderbeeren
2 cl Grand Marnier
2 cl Gin
¼ l brauner Hühnerfond
kalte Butter zum Montieren

Trüffel-Polenta
200 g Polenta
¼ l Milch
¼ l Rindsuppe
1 EL Butter
1 EL Trüffelöl
Salz
weißer Pfeffer aus der Mühle
1 schwarze Trüffelknolle

Herbstliches Gemüse
1 Romanesko
breite Bohnen
Salz und Muskat
1 Stück Butter

Die Fasanenbrüste mit Salz und Pfeffer würzen und in Speckscheiben einhüllen. In einer heißen Pfanne mit Öl und Butter braten, Thymianzweige, Lorbeerblätter und Wacholderbeeren beigeben und bei 180 °C ins vorgeheizte Rohr geben. Nach ca. 10 Minuten herausnehmen, die Fasanenbrüste an einen warmen Ort zum Rasten stellen. Den Bratrückstand mit Grand Marnier und Gin ablöschen, mit braunem Hühnerfond auffüllen und auf die Hälfte der Menge einkochen lassen. Mit kalter Butter zu einer sämigen Sauce montieren, anschließend durch ein feines Sieb seihen.
Milch und Rindsuppe mit der Butter aufkochen und die Polenta einrühren. Etwa 3–4 Minuten unter ständigem Rühren kochen, mit Trüffelöl, Salz und Pfeffer abschmecken (kleiner Tipp: Kurz vor dem Anrichten 2 EL geschlagenes Obers unterheben), die Trüffel mit einem Trüffelhobel über die Polenta hobeln.
Den Romanesko und die breiten Bohnen in Salzwasser kochen und mit Salz, Muskat und Butter abschmecken.

Fasanenbrust
mit Wirsingkohl und Apfel-Wacholder-Püree

ZUTATEN FÜR 4 PERSONEN

4 Fasanenbrüste, ausgelöst
4–8 Kohlblätter
Salz, Pfeffer

Apfel-Wacholder-Püree
3 Äpfel, geschält, geviertelt, entkernt
150 ml Weißwein
1–2 Gewürznelken
½ Zimtstange
1½ EL Zucker
40 g Butter
10 Wacholderbeeren, zerdrückt

Sauce
350 ml Wildfond
1 EL Preiselbeerkompott
2 EL kalte Butter

Farce
1 Hühnerbrust (140 g)
Salz, Cayennepfeffer
Zitronensaft
200 g Schlagobers

Fasanenbrüste kalt stellen. Kohlblätter in Salzwasser blanchieren, abschrecken, zwischen Küchenkrepp gut abtrocknen und zwischen zwei Küchentüchern behutsam flach klopfen.
Farce: Hühnerbrust würzen, kalt stellen. Anschließend im Cutter unter Zugabe von kaltem Obers zu einer Farce verarbeiten; durch ein feines Sieb streichen, mit Salz, Cayennepfeffer und Zitronensaft würzen und kalt stellen.
Apfel-Wacholder-Püree: Die Apfelviertel mit Weißwein, Gewürznelken, Zimt und Zucker weich kochen und durch ein Sieb passieren. Butter mit Wacholderbeeren in einer Pfanne bräunen lassen und durch ein Sieb in das Apfelpüree gießen, gut verrühren.
Sauce: Wildfond einkochen lassen, 1 EL Preiselbeerkompott zugeben und durch Einrühren kalter Butter binden.
Fasanenbrüste salzen und pfeffern, auf beiden Seiten mit etwas Farce bestreichen und in die Kohlblätter wickeln. Rundum in Butter bei mittlerer Hitze kurz anbraten und auf einem Gitter (Hinweis: Backblech darunterlegen) im vorgeheizten Rohr bei 100 °C 15–18 Minuten garen. Anschließend aus dem Rohr nehmen, mit Alufolie bedecken und 2 Minuten rasten lassen. Fasanenbrüste schräg in Scheiben schneiden und mit Apfel-Wacholder-Püree sowie Sauce anrichten.

Fasanenroulade
mit Dörrzwetschken

ZUTATEN FÜR 4–6 PERSONEN

3 Fasanenbrüste
50 g blanchierter Blattspinat
⅛ l Schlagobers
1 Ei
1 EL Sauerrahm
1 EL frische Kräuter, gehackt
Salz, Pfeffer, Muskatnuss
2 EL Dörrzwetschken, gehackt

Zwei Fasanenbrüste zwischen Frischhaltefolie mit der flachen Seite des Fleischklopfers oder mit einem Plattiereisen behutsam flach klopfen (plattieren), mit Salz und Pfeffer würzen und mit dem blanchierten Blattspinat belegen. Restliche Fasanenbrust mit Obers, Ei, Sauerrahm, Kräutern und Gewürzen im Cutter zu einer Farce verarbeiten. Eventuell nochmals mit Salz und Pfeffer abschmecken. Die Fasanenbrüste auf Klarsichtfolie ausbreiten, mit der Farce bestreichen, gehackte Dörrzwetschken darüberstreuen, in Klarsichtfolie einrollen und im Dämpfer (oder im Dämpfeinsatz über Wasserdampf) bei 85 °C etwa 35 Minuten garen.
Roulade 5 Minuten rasten lassen, Folie entfernen und die Roulade in Scheiben schneiden.
Dazu passen Beluga-Specklinsen (siehe Rezept S. 48).

Terrine vom Auerhahn
mit Nüssen

ZUTATEN FÜR 4 PERSONEN

300 g Auerhahnfleisch
1 Auerhahnbrust, ausgelöst (etwa 60 g)
60 g Gänseleber
Salz
weißer Pfeffer aus der Mühle
Mehl zum Wenden
Öl zum Braten
150 g grüner Speck, in dünne Scheiben geschnitten
100 g Sauerrahm
⅛ l Schlagobers
1 Ei
eventuell rosa Pfefferkörner
Muskatnuss, gemahlen
20 g Pistazienkerne, geschält und gehackt
20 g schwarze Nüsse
10 g Dörrzwetschken, gehackt
1 Terrinenform mit etwa 600 ml Fassungsvermögen

Garnitur
Preiselbeeren
Sellerie, würfelig geschnitten
marinierte Blattsalate

Die Auerhahnbrust in Streifen schneiden, kurz anbraten, aus der Pfanne nehmen und sofort kühl stellen. Die Gänseleber mit Salz und Pfeffer würzen, in Mehl wenden und im heißen Öl auf jeder Seite etwa 1 Minute braten, aus der Pfanne nehmen und ebenfalls kühl stellen.
Terrinenform mit den Speckscheiben überlappend so auslegen, dass etwas von den Speckscheiben über den Terrinenrand hängt; kühl stellen. Das Auerhahnfleisch mit Sauerrahm, Obers und dem Ei im Cutter fein pürieren; Pistazien, schwarze Nüsse, Dörrzwetschken und eventuell rosa Pfefferkörner untermengen; mit Salz, Pfeffer sowie Muskatnuss abschmecken. Ein Drittel dieser Farce in die Terrinenform füllen, glatt streichen, Auerhahnbruststreifen gleichmäßig darauflegen, mit zweitem Drittel der Farce bedecken. Die zuvor kühl gestellte Gänseleber in Scheiben schneiden und auf die Farce legen. Die Gänseleber wieder mit Farce bedecken, glatt streichen, mit grünem Speck zudecken, mit Klarsichtfolie bedeckt im vorgeheizten Rohr im Wasserbad bei 90 °C etwa 40 Minuten pochieren. Aus dem Rohr nehmen, Terrine mit einem schweren Gegenstand beschweren, überkühlen lassen und kalt stellen. Terrine mit einem immer wieder in kaltes Wasser getauchten Messer in Scheiben schneiden und auf einem Teller mit den Preiselbeeren, den Selleriewürfeln und dem Blattsalat dekorativ anrichten.

Gefüllte Wachtel
im Kohlsprossennest

ZUTATEN FÜR 6 PERSONEN

6 Wachteln, ausgelöst
Salz, Pfeffer
1 Zwiebel, 3 Schalotten, gehackt
50 g Butter
1 Bund Rosmarin
3 getrocknete Paradeiser
200 g Semmelwürfel
⅛ l Milch
2 Eier
Muskatnuss
1 EL Kurkuma-Gewürz
6 Scheiben Speck
Öl zum Braten

Kohlsprossennest
400 g Kohlsprossen
1 TL Kümmel, ganz
60 g Speckwürfel
2 Knoblauchzehen
100 g Zwiebel, fein gehackt
¼ l Schlagobers

Sauce
¼ l Wildfond
1 Rosmarinzweig
3–4 kalte Butterflocken
1 EL Preiselbeeren

Fülle: Zwiebel und Schalotten in Butter anschwitzen. Rosmarinnadeln mit getrockneten Paradeisern fein hacken; mit der Schalottenröstung sowie Eiern zu den Semmelwürfeln geben und mit Milch übergießen. Masse salzen und pfeffern, mit Muskatnuss und Kurkuma würzen, alles gut vermengen und 15 Minuten rasten lassen. Wachteln salzen und pfeffern, mit Masse füllen und alle Öffnungen mit Zahnstochern schließen.
Kohlsprossennest: Von den Kohlsprossen Strunk entfernen und einzelne Blätter herunterzupfen. In mit Kümmel versetztem Salzwasser kurz blanchieren, abseihen und kalt abschrecken. Speck, Knoblauch und Zwiebel in einer Pfanne rösten, mit Obers ablöschen und die Kohlsprossenblätter darin kurz mitschwenken.
Sauce: Wildfond aufkochen, mit Rosmarin 5 Minuten einkochen, durch Einrühren kalter Butter montieren. Sauce darf nicht mehr kochen, mit Preiselbeeren vollenden.
Wachteln in heißem Öl anbraten, mit je einer Scheibe Speck und einem Rosmarinzweig belegen und im vorgeheizten Rohr bei 200 °C etwa 10 Minuten fertig braten. Kohlsprossennest in der Tellermitte platzieren, Wachtel halbieren, ins Nest setzen und mit der Sauce nappieren.

Tipp:
Für das Kohlsprossennest kann man ein Strudelteigschüsserl backen, damit das Kohlgemüse nicht ausläuft.

Gefüllte Waldschnepfe
mit Gänseleber

ZUTATEN FÜR 4 PERSONEN

2 küchenfertige Schnepfen (à etwa 300 g)
Salz, Pfeffer
2 Äpfel
2 Zwiebeln
Dörrzwetschken
Öl und Butter zum Braten
frischer Majoran, abgerebelt
100 g Semmelwürfel
⅛ l Milch
8 Scheiben Bauchspeck
etwa 150 ml Geflügelfond
„Schnepfendreck" (Herz, Leber und die beiden gereinigten Blinddärme), geputzt
2 Scheiben feste Gänseleber
1 rote Zwiebel, fein gehackt
Thymian, gehackt
Rosmarin, gehackt
2 Dotter
4 Scheiben Toastbrot

Die Schnepfen innen und außen mit Salz und Pfeffer einreiben, Äpfel, Zwiebeln und Dörrzwetschken feinwürfelig schneiden und in Öl-Butter-Gemisch glasig anrösten, Majoran beigeben; von der Hitze nehmen und mit den Semmelwürfeln vermengen; salzen, pfeffern, mit heißer Milch übergießen. Die Masse gut vermengen und die Schnepfen damit füllen.
Die Schnepfenbrust mit Speckscheiben belegen und mit Küchengarn binden. Im vorgeheizten Rohr bei 160 °C etwa 35 Minuten braten, nach 15 Minuten mit etwas Fond untergießen. Hinweis: Während des Bratens mehrmals mit Bratensaft übergießen.
Den Schnepfendreck und die Gänseleber feinwürfelig schneiden. Zwiebel in Öl anschwitzen, Schnepfendreck sowie Gänseleber beifügen, kurz durchrösten, Kräuter unterrühren; von der Hitze nehmen, etwas überkühlen lassen, Dotter untermengen. Masse auf Toastbrotscheiben streichen und überbacken. Die gefüllten Schnepfen mit dem Schnepfendreck servieren.

Perlhuhnbrüstchen
auf Trompetenpilzen mit gebratener Gänseleber

ZUTATEN FÜR 6 PERSONEN

6 Perlhuhnbrüstchen
(oder Fasanbrüstchen)
Salz
weißer Pfeffer aus der Mühle
2 Thymianzweige
Öl und Butter zum Braten
400 g Gänseleber
Salz
weißer Pfeffer aus der Mühle
etwas Mehl zum Stauben
Öl und Butter zum Braten
300 g Trompetenpilze
2 Schalotten
1 Knoblauchzehe
Butter zum Sautieren
¼ l Zweigelt
¼ l Portwein
1 TL Zucker
1 Messerspitze Zimt
40 g Butter zum Montieren
16 Zwergorangen
Saft von 1 Orange
2 cl Grand Marnier

Die Perlhuhnbrüstchen würzen und in einer heißen Pfanne mit Öl und Butter rundum anbraten. Den Thymianzweig beigeben und bei 180 °C für etwa 10 Minuten ins vorgeheizte Backrohr stellen. Die Perlhuhnbrüstchen aus der Pfanne nehmen und etwa 5–8 Minuten an einen warmen Ort zum Rasten geben. In der Zwischenzeit die Gänseleber in schöne Stücke schneiden (2–3 cm dick) und würzen, mit Mehl bestauben, in einer heißen Pfanne mit Öl und Butter braten und anschließend für ca. 2 Minuten ins Backrohr geben. Zweigelt, Portwein, Zucker und Zimt auf ⅓ der Menge reduzieren und mit der kalten Butter montieren. Die Zwergorangen halbieren, in Salzwasser kurz blanchieren und mit Orangensaft und Grand Marnier warm marinieren, eventuell mit Basilikum noch verfeinern. Die Trompetenpilze putzen und waschen. In einer heißen Pfanne Butter zergehen lassen, die Pilze mit den Schalottenzwiebeln und Knoblauch sautieren (kurz anrösten) und mit Salz und weißem Pfeffer aus der Mühle würzen. Die Perlhuhnbrüstchen der Länge nach halbieren und mit der Gänseleber auf die Trompetenpilze setzen. Die Portweinbutter rundum ziehen und mit den marinierten Zwergorangen garnieren.

Tipp:
Auf gleiche Art und Weise können auch Fasanbrüstchen zubereitet werden. – Perlhühner (Lebensraum südliches Afrika) sind hier kaum erhältlich, im Feinkostgeschäft werden Perlhühner aus Zuchtfarmen angeboten.

Rebhuhnessenz
mit Galantine und Kürbis

ZUTATEN FÜR 6 PERSONEN

Rebhuhnessenz

Karkassen (Knochen und Abschnitte) von 2 Rebhühnern
Öl zum Anrösten
1 EL Paradeismark
¼ l Weißwein
⅛ l Sherry
250 g Klärfleisch
4 Eiklar
Salz
200 g Wurzelwerk, kleinwürfelig geschnitten
150 g Kürbiskugeln oder -würfel

Galantine

150 g ausgelöste Hühnerbrust
150 ml Obers
30 g Toastbrot
1 Ei
Salz, Pfeffer
1 ausgelöstes Rebhuhn
200 g Einlage nach Geschmack, z.B.: geröstete Kürbiskugeln, Pinienkerne, Gemüsewürfel, Kräuter

Knochen in erhitztem Öl kräftig anrösten, Paradeismark einrühren, kurz mitrösten und mit Weißwein und Sherry ablöschen. Fast zur Gänze einkochen lassen und mit 2 Liter kaltem Wasser auffüllen; bei geringer Hitze etwa 2–3 Stunden kochen lassen. Anschließend abseihen und kalt stellen. Fett vom erkalteten Fond abschöpfen.

Klärfleisch mit Eiklar und Wurzelwerk vermengen und in den Fond einrühren. Bei mittlerer Hitze langsam aufkochen lassen, so lange garen, bis das Klärfleisch auf die Oberfläche gestiegen ist. Die Suppe sollte klar sein; weitere 2 Stunden bei geringer Hitze ziehen lassen; Suppe durch ein feines Sieb seihen und abschmecken.

Kürbis in der heißen Suppe garziehen.

Galantine: Hühnerbrust in kleine Würfel schneiden und mit Schlagobers, Toastbrot und Ei in einem Cutter zu einer homogenen Farce verarbeiten. Farce durch ein feines Sieb streichen, mit Einlage vermengen, mit Salz und Pfeffer würzen; kalt stellen. Ausgelöstes Rebhuhn auf eine Klarsichtfolie auflegen, gleichmäßig mit der Farce bestreichen und zu einer Roulade rollen. Eng in Klarsichtfolie wickeln und im Wasserbad bei 80 °C etwa 30 Minuten pochieren.

Rebhendl-Crepinette
mit Karotten à la Vichy

ZUTATEN FÜR 6 PERSONEN

3 Rebhühner (Brust vom Knochen gelöst, Keulen hohl ausgelöst)
Salz, Pfeffer

Farce
150 g Hendlfleisch
150 ml Schlagobers
Salz, Pfeffer
Cognac
150 g Blattspinat
Butter zum Anrösten
3 Karotten
etwa ½ l Vichy-Mineralwasser
2 EL Butter
Salz, Pfeffer

Farce: Hendlfleisch faschieren und anschließend im Cutter mit Obers, Salz, Pfeffer und Cognac zu einer cremigen Masse verarbeiten.
Die hohl ausgelösten Keulen auf einer Klarsichtfolie so auflegen, dass ein Rechteck entsteht, Fleisch salzen und pfeffern. Farce auf die Keulen streichen und mithilfe der Folie eng einrollen. Nochmals in entsprechend große Alufolie wickeln, Enden gut verschließen und diese Galantine im heißen Wasserbad bei etwa 80° C etwa 12 Minuten pochieren.
Die Rebhendlbrüste in einer Pfanne in aufschäumender Butter beidseitig auf den Punkt braten, Fleisch herausnehmen, kurz rasten lassen. Bratrückstand mit Fond aufgießen, Röststoffe gut durchrühren, abseihen.
Die Karotten putzen, in Scheiben schneiden und in Vichy-Mineralwasser bissfest kochen; Karotten abseihen, in 1 EL zerlassener Butter schwenken und mit Salz sowie Pfeffer würzen. Den Blattspinat putzen, in feine Streifen schneiden, in restlicher erhitzter Butter kurz durchrühren, mit Salz und Pfeffer abschmecken.
Folien von der Galantine entfernen und in Scheiben schneiden.
Etwas Natursaft auf den Teller geben, die Rebhendl-Galantine und die Rebhendlbrust darauflegen, die Karotten à la Vichy mit dem Spinat rundherum anrichten.

Rebhendl
mit Orangen, Zimt und Brioche auf Linsen

ZUTATEN FÜR 4 PERSONEN

1 Rebhuhn
Salz
Pfeffer

Speck-Linsen
60 g geräucherter Speck, würfelig geschnitten
3 Schalotten, gehackt
1 Knoblauchzehe, gehackt
40 ml Balsamico-Essig
⅛ l Gemüsefond
⅛ l Obers
Salz, Pfeffer
20 g kalte Butter
Petersilie, gehackt
90 g Linsen, eingeweicht

Fülle
2 Orangen
1 Schalotte
etwas Butter
100 g Briochewürfel
65 ml Schlagobers
1 Eidotter
Salz
Pfeffer
Zimt, gemahlen

300 g Blattspinat
Butter
Salz, Pfeffer, Muskat
Knoblauch, fein gehackt
⅛ l Gemüsefond

Fülle: Orangen schälen und filetieren. Schalotte schälen, in Butter anschwitzen und kalt stellen. Briochewürfel mit Obers befeuchten, Dotter, Orangenfilets und Gewürze beigeben. Rebhuhn mit kaltem Wasser innen gut waschen, mit Küchenkrepp trocken tupfen und innen sowie außen salzen, pfeffern. Rebhuhn mit der Orangen-Briochemasse füllen und im vorgeheizten Rohr bei 200 °C etwa 1½ Stunden braten. Aus dem Bratrückstand eine Sauce bereiten.
Speck-Linsen: Speck, Zwiebel und Knoblauch glasig anschwitzen, mit Balsamico ablöschen und reduzieren. Gemüsefond und Obers zugießen und mit Salz sowie Pfeffer würzen. Wiederum einkochen lassen. Mit dem Schneebesen kalte Butter einrühren. Vor dem Servieren die abgetropften Linsen und die Petersilie untermengen.
Blattspinat putzen und in Butter kurz schwenken. Mit Salz, Pfeffer, Muskat und Knoblauch würzen und mit Gemüsefond leicht untergießen.

Im Ganzen gebratenes Rebhendl
auf Paradeisrisotto

ZUTATEN FÜR 6 PERSONEN

2 Rebhühner
3–4 Knoblauchzehen, gehackt
Salz
Pfeffer
Cayennepfeffer
jeweils 1 Prise Paprika- und Chilipulver
Olivenöl

Paradeisrisotto
6 Schalotten, fein gehackt
4 EL Olivenöl
¼ kg Risottoreis
20 ml Kirschessig
600 ml Hühnerfond
Salz, Pfeffer
2 EL Paradeismark
4 EL Parmesan, frisch gerieben
4–6 nussgroße Stück Butter
2 EL Basilikum, gehackt
100 g getrocknete Paradeiser

Rebhühner innen und außen mit Knoblauch, Salz, Cayennepfeffer, Pfeffer, Paprika- und Chilipulver würzen und mit Olivenöl einmassieren. Im vorgeheizten Rohr bei 160 °C Umluft etwa 35–40 Minuten knusprig braten.

Paradeisrisotto: Schalotten in Olivenöl glasig anschwitzen, Risottoreis beigeben, kurz mitrösten. Mit Kirschessig ablöschen und vollständig einkochen lassen. Anschließend mit ¼ des Hühnerfonds aufgießen und unter Rühren vollständig einkochen lassen. Nach und nach restlichen Fond dazugießen; salzen und pfeffern. Paradeismark, Parmesan und Butter unterrühren. Zum Schluss Basilikum sowie getrocknete Paradeiser dazugeben. Rebhühner mit Paradeisrisotto anrichten.

Waldschnepfe à la Colbert
mit Erdäpfelpüree und Petersilsauce

ZUTATEN FÜR 6 PERSONEN

8 Waldschnepfenbrüste
Salz, Pfeffer
Öl zum Braten
1 EL Sauerrahm
1 Ei
50 ml Schlagobers
1 Kohlkopf
200 g Schweinsnetz

Erdäpfelpüree
350 g mehlige Erdäpfel
¼ l Milch
50 g Butter
Salz, Pfeffer, Muskat

Petersilsauce
250 g Petersilienwurzeln
1 Zwiebel, gehackt
⅛ l Weißwein
¼ l Schlagobers
Salz, Pfeffer
1 Bund Petersilie
¼ l Wildfond
1 EL kalte Butter

Die Waldschnepfenbrüste zuputzen. Hinweis: Abschnitte für die weitere Verarbeitung zur Seite legen. Waldschnepfenbrüste salzen, pfeffern und in heißem Öl kurz anbraten. Aus den Abschnitten mit Sauerrahm, Ei, Obers und Gewürzen im Cutter eine Farce zubereiten.
Kohl putzen, Blätter ablösen, blanchieren und kalt abschrecken. Das Schweinsnetz gut ausdrücken, ausbreiten, Kohlblätter darauf verteilen, diese mit der Farce bestreichen, die Waldschnepfenbrüste darauflegen und eng einrollen. In heißem Öl rundum anbraten und im vorgeheizten Rohr bei 180 °C 14 Minuten fertig braten. Die Waldschnepfe in portionsgroße Stücke schneiden, auf der weißen und grünen Petersiliensauce anrichten, mit Wildfond nappieren und mit Erdäpfelpüree servieren.
Erdäpfelpüree: Erdäpfel schälen, in Salzwasser weich kochen, abseihen, ausdampfen lassen und durch die Erdäpfelpresse drücken. Mit heißer Milch, Butter und Gewürzen verrühren.
Petersilsauce: Petersilienwurzeln schälen, in grobe Stücke schneiden, mit Zwiebel in Butter anschwitzen, mit Weißwein ablöschen, einkochen lassen, mit Obers aufgießen, würzen und bei mittlerer Hitze kochen, bis die Petersilienwurzeln weich sind. Anschließend pürieren, durch ein feines Sieb streichen und die Sauce halbieren. Petersilie von den Stängeln zupfen, hacken und in die eine Hälfte der Sauce geben. Mit dem Pürierstab pürieren, bis die Sauce grün wird. Schließlich den Wildfond aufkochen lassen und durch Einrühren kalter Butter binden.

Wildtaubenbrust
auf souffliertem Preiselbeer-Topfen-Palatschinken

ZUTATEN FÜR 6 PERSONEN

6 Wildtaubenbrüste
Salz, weißer Pfeffer
Prise Wacholder, gemahlen
Öl zum Braten
1 Rosmarinzweig
glattes Mehl zum Stauben
⅛ l Wildfond
1 TL Preiselbeeren
1 EL kalte Butter

Palatschinkenteig
250 ml Milch
3 Eier
1 Schuss Mineralwasser
Prise Salz
100 g glattes Mehl
Öl zum Ausbacken
Butter zum Braten

Topfen-Preiselbeer-Fülle
250 g Topfen (20% Fett), fein passiert und glatt gerührt
2 EL Preiselbeeren
1 TL Wacholder, gemahlen
½ TL Salz
Pfeffer
2 Eiklar

Die Taubenbrüste würzen, mit der Fleischseite nach unten in erhitztem Öl anbraten, Rosmarinzweig beifügen und im vorgeheizten Rohr bei 180 °C etwa 5 Minuten fertig braten. Den Bratrückstand mit etwas Mehl stauben, mit Wildfond ablöschen, Preiselbeeren dazugeben und durch Einrühren kalter Butter binden.
Palatschinkenteig: Alle Zutaten – am besten mit dem Stabmixer – zu einem glatten Palatschinkenteig verrühren; etwa 10 Minuten rasten lassen. Aus dem Teig in heißem Fett dünne Palatschinken ausbacken; auskühlen lassen.
Fülle: Topfen mit Preiselbeeren gut verrühren, würzen. Eiklar mit Prise Salz zu steifem Schnee schlagen und unterheben. Fülle auf die Palatschinken streichen und einrollen. In etwa 3 cm große Stücke schneiden und in erhitztem Fett beidseitig auf den Schnittflächen kurz anbraten; im vorgeheizten Rohr bei 180 °C etwa 10 Minuten fertig backen.
Die Taubenbrust mit Sauce und souffliertem Palatschinken dekorativ anrichten.

Tipp:
Braten Sie Taubenbrüste nur kurz auf der Fleischseite an und im Rohr nur auf der Hautseite fertig, damit sie schön knusprig werden. Geben Sie Wacholder erst zum Schluss beim Braten bei, sonst wird er bitter.

Wildtaubenbrust
mit Erdäpfel-Petersilcreme

ZUTATEN FÜR 4 PERSONEN

4 Taubenbrüste, ausgelöst
Salz, Pfeffer, Öl
Petersilie, gehackt
brauner Geflügelfond
1 EL kalte Butterstücke

Erdäpfelpüree
1½ kg mehlige Erdäpfel
150 ml Milch
150 ml Obers
Salz, Pfeffer, Muskatnuss
50 ml Olivenöl

Petersilsaft
50 g Petersilie, abgezupft
200 ml klare Gemüse- oder Hühnersuppe

Rote Bohnen
etwa 8 EL rote Bohnen, gegart
1 rote Paprikaschote
2 EL Olivenöl
Prise Zucker
Salz, Cayennepfeffer
200 ml Gemüsesuppe
Zitronensaft

Die Taubenbrüste salzen, pfeffern und in wenig erhitztem Öl von beiden Seiten scharf anbraten. Im vorgeheizten Rohr bei 180 °C etwa 3–4 Minuten zartrosa fertig garen. Fett abgießen, den Bratrückstand mit Geflügelfond ablöschen und durch Einrühren kalter Butter binden.
Erdäpfelpüree: Die Erdäpfel schälen, vierteln, in Salzwasser weich kochen. Milch mit Obers aufkochen. Erdäpfel abseihen, ausdampfen lassen und mit der Erdäpfelpresse in die heiße Obers-Milch drücken. Mit einem Schneebesen glatt rühren und würzen. Anschließend das Olivenöl langsam einrühren.
Petersilsaft: Petersilie in Salzwasser blanchieren, eiskalt abschrecken und mit der Suppe pürieren; durch ein Sieb streichen. Erdäpfelpüree erhitzen und den Petersilsaft einrühren.
Rote Bohnen: Paprikaschote putzen, entkernen, in Stücke schneiden, in erhitztem Olivenöl anschwitzen. Zucker einstreuen und leicht karamellisieren lassen. Mit Salz und Cayennepfeffer würzen. Mit Gemüsesuppe aufgießen, mit Zitronensaft abschmecken und bei geringer Hitze etwa 5 Minuten garen lassen.
Im Mixer pürieren und durch ein Sieb seihen. Paprikasoße aufkochen, Bohnen beifügen, darin erwärmen, abschmecken.
Taubenbrust mit Erdäpfel-Petersilcreme sowie roten Bohnen anrichten.

Tauben-Carpaccio
auf weißen Bohnen und Olivenpüree

ZUTATEN FÜR 4 PERSONEN

4 Wildtaubenbrüste, ausgelöst
Salz, Pfeffer
glattes Mehl
Bratfett

Beilagen
6 EL gekochte, größere weiße Bohnen (eventuell aus der Dose)
Butter
Olivenöl
3 TL Olivenpüree (erhältlich in Feinkostläden)

Wildtaubenbrüste salzen, pfeffern, in Mehl wenden, in einer hitzebeständigen Bratpfanne in heißem Fett rundum anbraten und mit der Hautseite nach oben im vorgeheizten Rohr bei 220 °C etwa 3 Minuten braten.
Taubenbrüste aus dem Rohr nehmen und an einem warmen Ort etwa 7 Minuten rasten lassen.
Inzwischen Butter mit Öl erhitzen und die weißen Bohnen darin erwärmen, mit Olivenpüree verfeinern und auf vorgewärmten Tellern anrichten. Die Wildtaubenbrüste quer zur Faser in feine Scheiben schneiden und dekorativ daraufgeben.

Wildente
mit Steinpilz-Brioche-Fülle

ZUTATEN FÜR 4 PERSONEN

1 Wildente, ausgenommen, küchenfertig
Salz,
Pfeffer

Fülle
250 g Briochewürfel
⅛ l Milch
1 EL Butter
½ Zwiebel, kleinwürfelig geschnitten
150 g Steinpilze, grobwürfelig geschnitten
2 Eier
1 kleiner Bund Petersilie, gehackt

Glasur
3–4 EL Honig
Rosmarin, fein gehackt

Ente innen mit Salz sowie Pfeffer würzen.
Fülle: Briochewürfel in lauwarmer Milch einweichen. In einer Pfanne Butter erhitzen, Zwiebel und Steinpilze darin glasig rösten, Petersilie beifügen, kurz durchrühren, von der Hitze nehmen und überkühlen lassen. Anschließend Briochemasse mit Steinpilz-Zwiebelröstung und Eiern gut vermengen, mit Salz und Pfeffer kräftig würzen und die Ente damit füllen. Öffnung mit Zahnstochern oder Küchengarn verschließen. Ente außen salzen, pfeffern, auf ein Bratgitter legen und im vorgeheizten Rohr bei 200 °C etwa 90 Minuten braten.
Honig mit Rosmarin gut verrühren und die fertig gebratene Ente damit bestreichen; bei starker Oberhitze Ente kurz knusprig braten.
Ente etwa 5 Minuten rasten lassen, Zahnstocher bzw. Küchengarn entfernen. Keulen abschneiden, anschließend mit einer Geflügelschere behutsam das Brustbein durchschneiden, aufklappen, sodass man die Fülle herausheben kann. Ente in Portionen teilen, mit Fülle anrichten.

Wildente à la Wellington
mit Gänseleber

ZUTATEN FÜR 6 PERSONEN

¼ kg Blätterteig
1 Ei
200 g gemischte Pilze, geputzt
1 kleine Zwiebel, gehackt
4 EL Petersilie, gehackt
30 g Butter
6 Wildentenbrüste
½ kg Gänseleber
Salz, Pfeffer, Muskat
¼ l Wildfond
1 Zweig Thymian
3–4 Butterflocken zum Binden

Rotkraut
1 Rotkrautkopf
Salz
Öl
1 Zwiebel, gehackt
Zucker
¼ l Rotwein
¼ l Orangensaft
1 Zimtstange
Preiselbeeren nach Geschmack

Thymianzweige zum Garnieren

Den Blätterteig ausrollen, mit Ei bestreichen. Die Pilze hacken, mit Zwiebel und Petersilie anschwitzen und kühl stellen. Wildentenbrüste und Gänseleber mit Salz, Pfeffer sowie Muskat würzen, kurz anbraten und ebenfalls kühl stellen. Pilzfülle gleichmäßig im unteren Drittel des Blätterteigs auftragen, die Wildentenbrüste daraufsetzen, Gänseleber darauflegen und den Blätterteig einrollen. Mit Ei bestreichen und im vorgeheizten Rohr bei 200 °C etwa 14 Minuten backen. Den Wildfond mit dem Thymianzweig aufkochen lassen und durch Einrühren der Butterflocken binden.
Rotkraut: Kraut putzen, Strunk entfernen und Kraut – am besten mit einem Krauthobel – hacheln (raffeln); wenig salzen. In einem Topf Öl erhitzen, Zwiebel darin farblos anschwitzen und den Zucker beigeben; leicht karamellisieren lassen, Rotkraut dazugeben, kurz durchrühren, mit Rotwein ablöschen und mit Orangensaft auffüllen; die Zimtstange beifügen und zugedeckt weich dünsten lassen. Eventuell mit Preiselbeeren abschmecken.
Die Wildentenbrüste in Portionen tranchieren, mit Rotkraut und Sauce anrichten und mit Thymian garniert servieren.

Wildente
auf süßsaurem Liebstöckelkraut

ZUTATEN FÜR 4 PERSONEN

2 küchenfertige Wildenten
Salz, Pfeffer
Gemüsefond

Liebstöckelkraut
1 Kopf Weißkraut (etwa ½ kg)
Öl
Salz
2 EL Staubzucker
3 EL Balsamico-Essig
1 EL Liebstöckel, grob gehackt

Die Wildenten innen und außen salzen, pfeffern, in eine Bratwanne setzen, mit etwa 2 fingerhoch Gemüsefond angießen und im vorgeheizten Rohr bei 120 °C etwa 1½ bis 2 Stunden braten.
Die Wildenten herausnehmen und Brüste und Keulen abtrennen. Knochen auslösen, klein hacken und im Bratrückstand auf dem Herd etwa 15 Minuten auskochen. Anschließend den Fond abseihen, kräftig einkochen und mit Salz sowie Pfeffer abschmecken.
Brüste und Keulen mit der Hautseite nach oben auf ein Backblech legen. Bei mittlerer Oberhitze knusprig fertig braten.
Liebstöckelkraut: Weißkraut halbieren, vom Strunk befreien und in größere Fleckerln schneiden. In einer Pfanne in heißem Öl anbraten, salzen und mit Staubzucker bestreuen, hell karamellisieren lassen, mit Balsamico-Essig ablöschen, kurz durchschwenken und Liebstöckel untermengen.
Die knusprig gebratenen Wildenten mit Liebstöckelkraut und Sauce anrichten.

Wildente
auf Rotkraut mit Erdäpfelknödeln

ZUTATEN FÜR 6 PERSONEN

2 Wildenten
Salz,
weißer Pfeffer aus der Mühle
1 Apfel und 1 Orange
2 Majoranzweige
1 Zwiebel
4 cl Cognac
2 cl Grand Marnier
6 Speckstreifen
2 Lorbeerblätter
6–8 Wacholderbeeren
¼ l Hühnerfond
1 EL Butter

Rotkraut
1 Rotkrautkopf
Salz
1 Zwiebel, etwas Öl
Zucker
¼ l Rotwein
¼ l Orangensaft
1 Zimtstange
4–5 Nelken
1 Lorbeerblatt
4 EL Honig

Erdäpfelknödeln
6 mittelgroße Erdäpfel
2 Eidotter
1 EL Öl
Salz, Muskat
2 EL Stärkemehl

Die Wildenten innen und außen waschen, mit Salz und Pfeffer aus der Mühle würzen. Den geschnittenen Apfel, die Orangenscheiben, Majoranblätter und die Zwiebel in das Innere der Enten füllen. Die Enten mit der Brustseite in eine Pfanne legen und bei 180 °C ins vorgeheizte Backrohr geben, nach 20 Minuten mit Cognac und Grand Marnier ablöschen und die Enten wenden. Die Speckscheiben auf die Brust legen, Lorbeerblätter und Wacholderbeeren beigeben, alle 10 Minuten mit dem in der Pfanne befindlichen Saft übergießen. Mit dem Hühnerfond aufgießen, nach etwa 1 Stunde die Wildenten herausnehmen und für etwa 10 Minuten an einen warmen Ort zum Rasten geben. Die Sauce durch ein feines Sieb seihen und mit kalter Butter montieren.

Rotkraut: Kraut mit einem Krauthobel hacheln und leicht salzen. In einem Topf Fett erhitzen, die Zwiebel farblos anschwitzen und den Zucker beigeben, leicht zergehen lassen. Das Rotkraut dazugeben, durchrühren, mit Rotwein ablöschen und mit Orangensaft auffüllen, Zimtstange, Nelken und Lorbeerblatt beigeben und zugedeckt leicht kochen lassen. Mit Honig abschmecken.

Knödeln: Erdäpfel waschen, kochen und schälen, warm durch die Erdäpfelpresse drücken und mit Dottern, Öl, Salz, Muskat und Stärkemehl zu einem glatten Teig verkneten. Knödel formen und in Salzwasser kurz vor dem Anrichten kochen.

Wildentenbrust
mit gebratener Gänseleber und Petersilpüree

ZUTATEN FÜR 6 PERSONEN

6 Wildentenbrüste
Salz, Pfeffer, Öl
Rosmarin
Schalotten
¼ l Bordeaux
½ l Wildfond
Butter

Petersilpüree
400 g Petersilwurzel
200 ml Obers
30 g Butter
150 ml Milch
Salz
Pfeffer aus der Mühle
Muskat
400 g Petersilie
100 ml Obers

Gänseleber
6 Scheiben Gänseleber (à 100 g)
Salz, Pfeffer
Mehl
Rosmarin
Öl und Butter

Die Wildentenbrüste mit Salz und Pfeffer würzen. In einer Pfanne Öl erhitzen, die Brüste mit Rosmarin und Schalotten rosa braten, aus der Pfanne nehmen und warm stellen. Den Bratrückstand mit Bordeaux ablöschen und mit Wildfond aufgießen. Durch ein Sieb seihen und etwas einkochen, mit Butter montieren und abschmecken.
Petersilpüree: Für das Petersilpüree die Petersilwurzeln mit Obers, Butter und Milch ca. 20 Minuten weichköcheln lassen. Mit Salz, Pfeffer, Muskat würzen und im Mixer fein pürieren. Die Petersilie blanchieren, in Eiswasser abschrecken, gut ausdrücken, in der Küchenmaschine fein pürieren und durch ein Haarsieb passieren. Das Obers in einem Topf fast gänzlich einkochen. Petersilie zugeben, mit Petersilwurzelpüree glatt rühren und würzen.
Gänseleber: Die gekühlten Gänseleberscheiben mit Salz und Pfeffer würzen. Mit Mehl stauben, in einer Pfanne mit Öl und Butter beidseitig ca. 2 Minuten braten.

Wildentenbrust
mit Nuss-Buchteln und Preiselbeer-Dörrzwetschken-Sauce

ZUTATEN FÜR 6 PERSONEN

1 kg Wildentenbrüste, ausgelöst
1⁄16 l Rotwein
6 EL Olivenöl
Salz, Pfeffer
1 EL Wacholder, gehackt
1 Rosmarinzweig
Öl zum Braten

Sauce
¼ l Rotwein
3 l Suppe oder brauner Fond
Salz, Pfeffer
1 EL Zucker
6 EL frische Preiselbeeren
10 Dörrzwetschken, gehackt
100 g Butter

Nuss-Buchteln
je ¼ kg griffiges und glattes Mehl
¼ l Milch
1 Packung frische Germ
2 Eier
80 g flüssige Butter
60 g Zucker
10 g Salz
100 g Butter zum Eintauchen
Butter für die Form

Fülle
Schwarze Nüsse, fein gehackt
Thymian, gehackt

Die Wildentenbrüste zuputzen. Rotwein mit Olivenöl und den Gewürzen gut vermischen, Fleisch mit der Marinade übergießen und zugedeckt mindestens 6 Stunden ziehen lassen.
Buchteln: Beide Mehle versieben. Die Milch erwärmen, Germ darin auflösen und mit der halben Menge des Mehls verrühren. Dampfl (= Vorteig) an einem warmen Ort zugedeckt gehen lassen. Hinweis: Das Volumen soll sich verdoppeln.
Dampfl mit Eiern, Butter, Zucker, Salz und dem restlichen Mehl zu einem glatten Germteig verkneten. Teig nochmals kurz rasten lassen. Auf 2 cm dick auswalken und mit einem Ausstecher (6 cm Durchmesser) Scheiben ausstechen. Teigscheiben mit jeweils 1 TL Füllung belegen, Teigscheiben über der Füllung zusammenfassen, in zerlassene Butter tauchen und mit der Teignaht nach unten in eine befettete

Form einlegen. Buchteln an einem warmen Ort zugedeckt etwa 15 Minuten gehen lassen. Im vorgeheizten Rohr bei 170 °C etwa 30 Minuten backen.
Öl stark erhitzen und die gebeizten Entenbrüste beidseitig scharf anbraten; im vorgeheizten Rohr bei 220 °C fertig braten. Aus dem Rohr nehmen und rasten lassen. Den Bratrückstand mit Rotwein ablöschen, aufkochen, Suppe oder den braunen Fond dazugießen und mit Salz, Pfeffer und Zucker abschmecken. Zum Schluss Preiselbeeren und Dörrzwetschken beifügen; durch Einrühren von kalter Butter binden. Die Wildentenbrüste tranchieren, mit Sauce und Buchteln anrichten.

Tipp:

Weibliche Wildenten schmecken wesentlich zarter als männliche. Die Wildentenbrüste sparsam salzen, da sie sonst viel Flüssigkeit verlieren und trocken werden.

Brüstchen von der Wildente
auf Vanillepüree

ZUTATEN FÜR 6 PERSONEN

6 Wildentenbrüste (à etwa 120–150 g)
Salz, Pfeffer
Schmalz zum Anbraten
30 g Speck, kleinwürfelig geschnitten
50 g Morcheln, geputzt
100 ml Rotwein zum Ablöschen
200 ml Wildfond
1–2 EL Butter zum Montieren
Preiselbeeren

Vanille-Püree
1 kg mehlige Erdäpfel
etwas Milch
120 g Butter
Salz, Pfeffer
200 ml Schlagobers
Mark von 1 Vanilleschote

Vanillelpüree: Erdäpfel schälen, in Salzwasser weich kochen, abseihen, ausdampfen lassen und durch die Erdäpfelpresse drücken. Mit heißer Milch, Butter und Gewürzen verrühren. Mit Schlagobers und Vanillemark bei geringer Hitze um ein Viertel einkochen lassen. Erdäpfelmasse unterrühren, mit Salz und Pfeffer würzen.
Wildentenbrüstchen salzen und pfeffern; in erhitztem Schmalz bei mittlerer Hitze etwa 3 Minuten beidseitig anbraten. Aus der Pfanne nehmen und auf einem Teller im vorgeheizten Rohr bei 70 °C etwa 4 Minuten rasten lassen. Inzwischen im Bratrückstand Speck und Morcheln anrösten. Mit Rotwein ablöschen und vollständig einkochen lassen. Mit Wildfond aufgießen und auf die Hälfte einkochen; Sauce durch Einrühren kalter Butter binden. Mit Preiselbeeren pikant abschmecken.
Wildentenbrüstchen mit Vanillepüree sowie Sauce anrichten. Dazu passt auch Rotkraut (siehe Rezept Rehrücken mit Rotkraut und Apfel-Semmelkren, S. 158) sehr gut.

Hasenrücken
mit Wirsing, Weichseln und Maroni-Schupfnudeln

ZUTATEN FÜR 4 PERSONEN

Wirsing
1 kleiner Kopf Wirsing
Salz
¼ l Kalbsfond
¼ l Schlagobers
1 Knoblauchzehe, angedrückt
etwas Maisstärke
Pfeffer

Weichseln
1–2 EL Zucker
⅛ l Rotwein
100 g eingelegte Weichseln
1 Rosmarinzweig
1 TL Stärkemehl

Maroni-Schupfnudeln
150 g geschälte, mehlige Erdäpfel
150 g Maronipüree
25 g flüssige Butter
3 Dotter
50 g Erdäpfelstärke
Salz

4 Hasenrückenfilets
Salz, Pfeffer

Wirsing: Kohl in einzelne Blätter teilen, Mittelstrunk entfernen, Blätter in Salzwasser blanchieren, in Eiswasser abschrecken, gut ausdrücken und hacken. Kalbsfond bei mittlerer Hitze auf ein Drittel einkochen. Schlagobers und Knoblauchzehe beifügen; Stärkemehl in kaltem Wasser glatt rühren, und Sauce damit binden. Wirsing unterrühren und mit Salz sowie Pfeffer abschmecken.
Weichseln: Zucker karamellisieren, mit Rotwein ablöschen und auf die Hälfte einkochen. Mit dem Saft der Weichseln aufgießen, Rosmarin dazugeben, mit Stärke binden. Weichseln dazumengen.
Maroni-Schupfnudeln: Erdäpfel kochen oder dämpfen und noch heiß durch die Erdäpfelpresse drücken. Maronipüree, Butter, Dotter, Stärkemehl dazumengen und mit Salz würzen, rasch zu einem glatten Erdäpfelteig verarbeiten. Teig auf einer bemehlten Arbeitsfläche zu einer fingerdicken Rolle formen, mit einer bemehlten Teigkarte in etwa 2 cm lange Stücke teilen und diese mit der Hand zu Nudeln „wuzeln". Nudeln in kochendes Salzwasser einlegen und bei geringer Hitze etwa 3 Minuten kochen lassen. Hinweis: Die Nudeln sind gar, wenn sie an die Oberfläche steigen. Mit einem Lochschöpfer vorsichtig aus dem Wasser heben, gut abtropfen. Butter in einer Pfanne aufschäumen, Erdäpfelnudeln darin schwenken.
Hasenrückenfilets würzen; Öl mit Butter erhitzen, Filets darin rosa braten.
Hasenrückenfilets mit den Beilagen anrichten.

Feldhasenfilet
auf Roten Rüben und Salat

ZUTATEN FÜR 4 PERSONEN

2 Feldhasenfilets
Butter und Öl zum Braten
Salz, Pfeffer

Rote Rüben
400 g Rote Rüben
1 EL Kümmel
1 Schuss Essig
6 Stück Butter (ca. nussgroß)
Salz
weißer Pfeffer aus der Mühle
frisch geriebene Muskatnuss
125 ml Gemüsefond

Salat
Vogerlsalat
Radicchio
Friséesalat
Herz vom Häuptelsalat

Marinade
Nussöl
Himbeeressig
Salz, Pfeffer

Die Roten Rüben ins kochende Salzwasser einlegen, Essig und Kümmel beifügen und so lange kochen, bis sie gar sind; noch im heißen Zustand schälen und in ungefähr 1 cm breite Würfel schneiden. In einer Pfanne Butter zerlassen und die gewürfelten Roten Rüben leicht anschmoren, mit Salz, Pfeffer und Muskatnuss würzen, mit etwas Gemüsefond aufgießen und beiseite stellen.
Die Feldhasenfilets mit Salz und Pfeffer würzen, Butter und Öl in einer Pfanne erhitzen und die Filets beidseitig auf den Punkt braten.
Vogerlsalat, Radicchio und Friséesalat sowie das Herz vom Häuptelsalat waschen und putzen; aus Nussöl, Himbeeressig, Salz und Pfeffer eine Marinade vorbereiten und den Salat damit marinieren.
Den Salat in die Tellermitte setzen und das Feldhasenfilet daran anrichten. Die Rote-Rüben-Würfel dekorativ dazu verteilen.

Tipp:
Dieses Rezept eignet sich auch vorzüglich zur Zubereitung von Wildkaninchen, wobei 4 Wildkaninchenfilets anzunehmen wären.

Salat von Hasenmedaillons
und Roten Rüben

ZUTATEN FÜR 4 PERSONEN

8 Medaillons vom Hasenrücken, ausgelöst
Salz, Pfeffer
Öl und Butter zum Braten
etwa 150 ml Wildfond

Salat
1 Rote Rübe
Salz

Vinaigrette
40 ml alter Balsamico-Essig
20 ml Olivenöl
20 ml Nussöl
Salz, Pfeffer
Gemischte Blattsalate, geputzt und gewaschen

Medaillons salzen und pfeffern. Öl mit Butter erhitzen und Medaillons darin kurz anbraten, im vorgeheizten Rohr bei 180 °C fertig garen, dabei mit Wildfond untergießen. Medaillons aus der Pfanne nehmen, Saft durch Einrühren kalter Butter binden.
Rote Rübe in Salzwasser weich kochen, schälen, halbieren und in Scheiben schneiden.
Vinaigrette: Alle Zutaten zu einer Marinade verrühren und die Blattsalate damit marinieren. Salate und Rote-Rübe-Scheiben dekorativ auf Tellern anrichten. Hasenmedaillons darauflegen und mit Saft beträufelt servieren.

Hasenpfeffer
mit Serviettenknödeln und Gemüse

ZUTATEN FÜR 6 PERSONEN

1½ kg Hasenkeulen, ausgelöst
40 ml Öl
600 g Gemüse (Zwiebel, Karotten, Sellerie), würfelig geschnitten
etwas Paradeismark
1 Handvoll Mehl
¼ l Rotwein
5 Pfefferkörner
3 Wacholderbeeren
1 Lorbeerblatt
Wildfond
½ EL Senf
3 EL Preiselbeerkompott

Serviettenknödel
250 g altbackene Semmeln
200 ml Milch
4 Eier
60 g Butter
Salz, Pfeffer
Muskat

Keulenfleisch in Stücke schneiden und in erhitztem Öl scharf anbraten. Das Fleisch herausnehmen. Gemüse kurz anrösten und ebenfalls aus dem Topf nehmen. Im Bratrückstand Paradeismark kurz anrösten, mit Mehl stauben, Fleisch wieder beifügen und mit Rotwein ablöschen; Pfefferkörner, Wacholderbeeren und Lorbeerblatt dazugeben, aufkochen und etwas einkochen lassen. Mit Wasser und Wildfond aufgießen und Fleisch bei geringer Hitze etwa 1 Stunde dünsten lassen. Gemüse untermengen und etwa 30 Minuten mitgaren. Sobald das Fleisch weich ist, mit dem Gemüse herausnehmen und in einen Topf geben. Die Sauce würzen, mit Senf und Preiselbeeren abschmecken und durch ein Sieb zum Fleisch passieren.
Knödel: Semmeln in Würfel schneiden und mit Milch befeuchten. Eier trennen. Butter mit Salz sowie Pfeffer schaumig rühren, Dotter nach und nach unterrühren; mit Semmelwürfeln gut vermengen. Eiklar mit Prise Salz zu steifem Schnee schlagen und unter die Semmelmasse heben. Masse auf einer bebutterten Serviette zu einer Rolle formen, in die Serviette einrollen, Enden mit Küchengarn gut verschließen. Serviettenknödel in kochendes Salzwasser einlegen und bei geringer Hitze etwa 40 Minuten ziehen lassen.

Hasenrücken
am Rosmarinspieß mit Brokkolitascherln

ZUTATEN FÜR 4 PERSONEN

8 Hasenrücken Medaillons
4 Rosmarinzweige
Salz, Pfeffer
Öl und Butter zum Braten
150–200 ml Wildfond
eventuell 1–2 EL kalte Buter

Brokkolitascherln
Fülle
350 g Brokkoli
1 Ei
1 Dotter
2 EL Béchamelsauce
40 ml Schlagobers
25 g flüssige Butter
Salz, Pfeffer

Teig
200 g glattes Mehl
2 Eier
Salz

150 g Zucchiniwürfel
Olivenöl, Salz, Pfeffer

Medaillons salzen, pfeffern und auf die Rosmarinzweige spießen. Öl und Butter erhitzen und Spieße von beiden Seiten etwa 2 Minuten anbraten; aus der Pfanne nehmen und warm stellen. Bratrückstand mit Wildfond aufgießen, aufkochen und durch ein Sieb passieren. Saft durch Einrühren von kalter Butter binden.
Brokkoli putzen, blanchieren, kalt abschrecken und gut abtropfen lassen. Anschließend im Mixer mit Ei, Dotter, Béchamelsauce, Schlagobers und Butter pürieren. Mit Salz und Pfeffer würzen. Fülle vollständig auskühlen lassen.
Teig: Mehl, Eier und Salz zu einem geschmeidigen Teig kneten. Teig auf einer leicht bemehlten Arbeitsfläche mit den Händen etwa 3 Minuten durchkneten, zu einer Kugel formen und in Frischhaltefolie gewickelt etwa 30 Minuten rasten lassen.
Dann Teig vierteln und jedes Stück nochmals gut durchkneten. Teigstücke auswalken oder mit der Nudelmaschine dünn ausrollen. Mit einem immer wieder in Mehl getauchten runden Ausstecher Scheiben ausstechen. Ränder mit etwas Wasser oder Eiklar oder Dotter bestreichen. Jeweils 1 Kaffeelöffel Füllung in die Mitte setzen, Scheiben zusammenklappen und die Teigränder zusammendrücken; in reichlich kochendes Salzwasser einlegen und bei mittlerer Hitze 4 Minuten kochen.
Zucchiniwürfel in etwas Olivenöl anrösten, mit Salz und Pfeffer würzen. Mit etwas Wasser untergießen und garziehen lassen. Die Brokkolitascherln mit einem Lochschöpfer aus dem Wasser heben und mit Zucchiniwürfeln gut vermengen, abschmecken. Spieße auf den Brokkolitascherln mit Sauce anrichten.

Lasagne vom Wildhasen
mit Speckkohl

ZUTATEN FÜR 6 PERSONEN

6 Hasenrücken
Salz
weißer Pfeffer aus der Mühle
Öl & Butter zum Braten
4–5 Wacholderbeeren
2 Thymianzweige
2 Lorbeerblätter

½ l Rotwein
½ l roter Portwein
4 Gewürznelken
1 Zimtstange
2 EL Zucker
12 Nudelblätter
etwas Butter, Salz

1 Kohl
200 g Speckwürfel
2 Schalotten
3 Knoblauchzehen
¼ l Obers
1 KL Kümmel, Salz, Pfeffer

Die Hasenrücken von Sehnen und Häuten befreien, mit Salz und weißem Pfeffer würzen und in einer ofenfesten Pfanne in heißem Öl und Butter rundum anbraten. Die Kräuter beigeben und bei maximal 120 °C für 10 Minuten ins Rohr geben.
Rotwein und Portwein in einen Topf geben und mit Nelken, Zimtstange und Zucker auf ⅛ einkochen lassen. Zum Schluss eine Prise Salz und weißen Pfeffer beigeben.
Die Nudelblätter in Salzwasser kochen und anschließend durch eine Pfanne mit Butter ziehen, leicht salzen.
Den Kohl waschen (Strunk entfernen), in breite Streifen schneiden, kurz blanchieren und in Eiswasser abschrecken. In einem Topf die Speckwürfel auslassen und die fein geschnittenen Schalotten und Knoblauchzehen beigeben. Mit Obers ablöschen, Kohl und Kümmel dazugeben und zugedeckt einkochen lassen. Mit Salz und weißem Pfeffer abschmecken.
Die Hasenrücken in längliche Scheiben schneiden. Beim Anrichten bei jeder Portion mit Nudelblatt beginnen, darauf den Kohl setzen und darüber die Scheiben vom Hasenrücken legen. Das nächste Nudelblatt darüberlegen und wieder Kohl und Hase auflegen. Mit dem Rest des zweiten Nudelblattes einschlagen und mit der Rotweinreduktion beträufeln.

Salat vom Feldhasen
im Kakaodressing

ZUTATEN FÜR 6 PERSONEN

½ kg Hasenrücken
Salz, Pfeffer
Butter zum Anbraten

Salat
6 Bund Rucola
1 Paradeiser
1 Kohlrabi
Salz, Pfeffer
Walnussöl

Dressing
20 ml Walnussöl
70 g Preiselbeergelee
Kakaopulver
5 EL Rindsuppe

Rucolasalat: Rucola putzen, Stiele entfernen, waschen und gut abtropfen lassen oder trocken schleudern. Paradeiser schälen, vierteln, entkernen und in kleine Würfel schneiden (Concassée). Kohlrabi schälen und in Halbmondscheiben schneiden. In kochendem Salzwasser bissfest kochen, kalt abschrecken und anschließend mit Salz, Pfeffer und Walnussöl marinieren.
Dressing: Alle Zutaten in einem Topf leicht erwärmen, bis das Gelee vollständig aufgelöst und alles gut miteinander verbunden ist. Eventuell nochmals mit Salz, Pfeffer sowie Zucker abschmecken. Dressing mit Rucola, Paradeisern und Kohlrabi vermengen.
Den Hasenrücken zuputzen, salzen, pfeffern und in aufgeschäumter Butter zartrosa braten. Fleisch in Scheiben schneiden und auf dem Salat anrichten.

Ragout vom Feldhasen
mit Pistazien-Hörnchen

ZUTATEN FÜR 4 PERSONEN

4 Hasenkeulen oder Hasenschultern, ausgelöst
Paradeismark
½ l Rotwein
½ l Wildfond
Bouquet Garni (Lorbeer, Thymian, Wacholder, Pfefferkörner, Nelken und Rosmarin im Gewürzsäckchen)
1 EL Sauerrahm
2 EL Preiselbeeren
Gin
Salz, Pfeffer
2 große Rote Rüben
Olivenöl zum Braten
Spritzer Essig
12 Champignons, geputzt
Thymian

Pistazien-Hörnchen
350 g Hörnchennudeln
30 g Butter
40 g Pistazien, gerieben
Salz, Pfeffer

Ragout: Hasenfleisch in Würfel schneiden, pfeffern und in einer großen Pfanne in erhitztem Öl unter ständigem Rühren scharf anbraten. Paradeismark einrühren und sofort mit Rotwein sowie Wildfond ablöschen. Bouquet Garni beifügen und das Fleisch bei geringer Hitze etwa 2 Stunden dünsten lassen. Fleisch aus der Sauce nehmen; Sauce durch ein Sieb passieren. Mit Sauerrahm, Preiselbeeren, Gin, Salz und Pfeffer abschmecken, Fleisch wieder in die Sauce einlegen und kurz darin ziehen lassen.
Rote Rüben würfelig schneiden, in Olivenöl anschwitzen, mit Essig ablöschen, salzen und pfeffern. Champignons vierteln und in Olivenöl anrösten, Thymian beigeben, salzen und pfeffern.
Pistazien-Hörnchen: Nudeln in Salzwasser bissfest kochen. Inzwischen Butter in einer Pfanne aufschäumen lassen, die Pistazien einrühren und kurz anrösten; von der Hitze nehmen. Hörnchen abseihen, zu den Pistazien geben, mit Salz sowie Pfeffer würzen.
Das Ragout mit Roten Rüben, Champignons sowie Pistazien-Hörnchen servieren.

Wildhasenfilet
auf Burgunder-Risotto

ZUTATEN FÜR 4 PERSONEN

2 Rückenfilets vom Feldhasen (550 g)
Salz, Pfeffer
5 Wacholderbeeren, zerdrückt
1 Lorbeerblatt
¼ l Wildfond
⅛ l Rotwein
3 EL eingelegte grüne Pfefferkörner
1 EL Thymian, fein gehackt

Risotto
250 g Risottoreis
6 Schalotten, fein gehackt
300 ml Blauer Burgunder
Salz, weißer Pfeffer
4 EL Olivenöl
etwa ½ l milde Suppe oder Gemüsefond
100 g Steinpilze, geputzt
1 Thymianzweig
4–6 nussgroße Stück Butter
4 EL Parmesan, frisch gerieben

Feldhasenfilets mit Salz und Pfeffer würzen. Butter und Öl in einer Pfanne erhitzen und das Fleisch darin beidseitig kurz anbraten. Wacholderbeeren und Lorbeerblatt zugeben und im vorgeheizten Rohr bei 180 °C fertig garen. Feldhasenfilets aus der Pfanne nehmen und warm stellen.
Bratrückstand mit Rotwein und Wildfond aufgießen und bei mittlerer Hitze auf ⅛ Liter einkochen. Wacholderbeeren und Lorbeerblatt entfernen und mit den Pfefferkörnern nochmals kurz aufkochen. Zuletzt mit Thymian, Salz und Pfeffer würzen.
Risotto: Schalotten in Olivenöl glasig anschwitzen, Risottoreis beifügen, kurz mitrösten, mit Blauem Burgunder ablöschen und vollständig einkochen lassen. Hinweis: Ansonsten schmeckt das Risotto „weinig". Mit Gemüsefond nach und nach aufgießen und unter ständigem Rühren den Risotto bissfest garen. Steinpilze in Olivenöl mit Thymianzweig kurz anbraten und unter den Risotto mengen. Kurz vor dem Anrichten Butter und Parmesan einrühren; mit Salz und Pfeffer abschmecken.
Wildhasenrücken in Scheiben schneiden und mit Burgunder-Risotto anrichten.

Butterschnitzel von der Gams
auf Erdäpfelpüree

ZUTATEN FÜR 4 PERSONEN

Butterschnitzel
2 Scheiben entrindetes Toastbrot oder 1 Handvoll Semmelbrösel
½ kg faschiertes Gamsfleisch
1 Ei
80 ml Schlagobers
Salz
Muskat
2–3 EL Petersilie, gehackt
Butterschmalz
¼ l brauner Kalbsfond oder milde Suppe

Erdäpfelpüree
1 kg mehlige Erdäpfel
2 TL Salz
80 g Butter
etwas Milch
2 EL Butter
Muskatnuss

Geröstete Zwiebeln
1–2 Zwiebeln
1–2 EL Mehl
1–2 EL Öl
Salz

Toastbrot mit lauwarmem Wasser übergießen und einige Minuten darin einweichen. Brot ausdrücken und faschieren oder durch ein Sieb passieren. Mit Faschiertem, Ei, Schlagobers sowie Petersilie gut vermengen, mit Salz und Muskat würzen.
Masse in 4 Portionen teilen, jede Portion zu flachen, ovalen Laibchen formen, in heißes Butterschmalz legen, anbraten, wenden und bei geringer Hitze etwa 4 Minuten braten. Mit Fond oder Suppe aufgießen und die Butterschnitzel noch etwa 5 Minuten in der Sauce garziehen lassen. Mit Erdäpfelpüree servieren.
Erdäpfelpüree: Erdäpfel schälen, in kleine Stücke schneiden und in Salzwasser nicht zu weich kochen; abseihen und gut ausdampfen lassen. Anschließend durch ein Haarsieb streichen. Butter und so viel warme Milch beifügen, bis das Püree die gewünschte Konsistenz erhält. Unter Rühren nochmals kurz aufkochen lassen und mit zerlassener Butter anrichten.
Zwiebeln schälen, in feine Scheiben schneiden, in Mehl wenden, in heißem Öl hellbraun und knusprig frittieren; salzen und mit dem Erdäpfelpüree anrichten.

Cordon bleu von der Gams
mit Erdäpfel-Vogerlsalat

ZUTATEN FÜR 6 PERSONEN

6 Gamsschnitzel (vom Schlögel)
Salz, Pfeffer
6 Scheiben Gams- oder Hirschschinken
6 Scheiben Bergkäse
1 EL Ketchup
1 EL Petersilie, gehackt
Zucker
2 Zwiebeln, fein gehackt
100 g griffiges Mehl
3 Eier mit 100 ml Schlagobers verquirlt
Schwarzbrotbrösel
1 Zitrone

Gamsschnitzel zwischen Folie mit der glatten Seite des Fleischklopfers behutsam klopfen. Folie entfernen und Schnitzel beidseitig salzen, pfeffern. Jede Käsescheibe in eine Schinkenscheibe einschlagen und auf jeweils eine Fleischhälfte legen. Fleisch in der Mitte zusammenklappen, Ränder festdrücken. Hinweis: Am besten mit der flachen Seite des Fleischklopfers zusammenklopfen.
Anschließend gefüllte Schnitzel mit Ketchup bestreichen, mit Petersilie bestreuen und in Mehl, verquirltem Eier-Obers sowie Semmelbröseln panieren; in heißem Fett schwimmend, auf beiden Seiten jeweils etwa 3 Minuten, ausbacken. Auf Küchenkrepp gut abtropfen lassen. Cordon bleu mit Zitronenscheibe garniert und mit Salat (Erdäpfel-Vogerlsalat, Rezept siehe S. 168) als Beilage anrichten.

Gamsgulasch
nach Wilderer Ferdinand vom Hagenthale

ZUTATEN FÜR 4 PERSONEN

½ kg fett- und sehnenfreies Gamsfleisch (am besten Nuss oder Schulter), ausgelöst
Salz, Pfeffer
Bratfett
¼ l Rotwein
300 ml Wildsauce (Fond)
3 Wacholderbeeren, zerdrückt
2 EL Crème double (ersatzweise 1 EL Crème fraîche mit 1 EL Mascarpone verrührt)

Kräuternockerln
400 g glattes Mehl
3 Eier
2 Dotter
200 ml Milch
Salz
Pfeffer aus der Mühle
Muskat
frische Kräuter, fein gehackt (Thymian, Petersilie, Liebstöckel)
8 Scheiben Speck (schön durchzogen)

Fleisch in kleine Würfel schneiden, salzen, pfeffern und in einer Pfanne in heißem Fett langsam anbraten. Mit Rotwein ablöschen, einige Minuten einkochen lassen, mit Wildsauce aufgießen, die Wacholderbeeren beifügen und zugedeckt im vorgeheizten Rohr bei 90 °C etwa 2 Stunden weich schmoren.
Hinweis: Das Gulasch darf nicht kochen. Gamsgulasch mit 2 EL Crème double verfeinern.
Kräuternockerln: Das Mehl mit Eiern, Dottern und Milch mit einem Kochlöffel glatt rühren. Mit Salz, Pfeffer und Muskat würzen. Teig portionsweise auf ein kleines, befeuchtetes Brett geben und mit dem Rücken eines kleinen, spitzen Messers in kochendes Salzwasser schaben oder den Teig durch ein Nockerlsieb oder mit einem Nockerlhobel in das kochende Salzwasser drücken. Hinweis: Öfter umrühren, damit keine Klümpchen entstehen. Nockerl aufkochen lassen, abseihen, mit kaltem Wasser abschrecken, gut abtropfen lassen und mit den Kräutern in Butter schwenken.
In einer Pfanne Speckscheiben knusprig braten und auf Küchenpapier abtropfen lassen. Im Speckrückstand die Kräuternockerl erwärmen.
Gamsgulasch mit Kräuternockerln und Speckscheiben anrichten.

Gamskoteletts
mit Burgunder-Schalotten und pochierter Birne

ZUTATEN FÜR 4 PERSONEN

600–800 g Gamsrücken
Salz
Pfeffer aus der Mühle
Öl zum Braten
Thymian- und Rosmarinzweige
¼ l Wildfond
eventuell 1–2 EL kalte Butter
Butter zum Nachbraten

Burgunder-Schalotten
8 kleine Schalotten
Honig
700 ml Burgunder
3 EL Preiselbeeren

Pochierte Birne
2 reife Williamsbirnen
100 ml Weißwein
etwas Salz

Den Gamsrücken in Koteletts schneiden. Mit Salz und Pfeffer würzen und in heißem Öl von beiden Seiten scharf anbraten, Kräuterzweige dazugeben und das Fleisch im vorgeheizten Rohr bei 180 °C etwa 5 Minuten fertig garen. Aus der Pfanne nehmen und warm stellen.
Bratrückstand mit Wildfond ablöschen, aufkochen, durch ein Sieb passieren, einkochen lassen und eventuell durch Einrühren kalter Butter binden.
Vor dem Anrichten in einer Pfanne Butter aufschäumen lassen und den Gamsrücken mit Thymian und Rosmarin noch einmal beidseitig anbraten. Mit Burgunderschalotten sowie pochierten Birnen anrichten.
Burgunder-Schalotten: Schalotten schälen, in Spalten schneiden, in Honig karamellisieren und mit Burgunder ablöschen; bei mittlerer Hitze die Schalotten weich kochen, mit Salz, Pfeffer und Preiselbeeren abschmecken.
Birnen schälen, vierteln, entkernen und in Spalten schneiden, in Weißwein einmal aufkochen lassen, von der Hitze nehmen und kurz ziehen lassen.
Hinweis: Die Birnen sollen bissfest sein.

Gamsragout
mit Maroni-Erdäpfelknödeln

ZUTATEN FÜR 6 PERSONEN

900 g Gamsschulter
Salz
weißer Pfeffer aus der Mühle
4–5 Wacholderbeeren
1 Karotte
1 Gelbe Rübe
½ Sellerie
etwas Öl
1 EL Paradeismark
4 cl Gin
½ l Rotwein
½ l Wildfond
2 Lorbeerblätter
½ l Schlagobers
2 EL Preiselbeeren

Maroni-Erdäpfelknödeln
12 Maroni, gegart und geschält
1 EL Butter
1 EL Kristallzucker
1 EL Portwein
4 mittelgroße Erdäpfel
2 EL Öl
1 Eidotter
2 EL Stärkemehl
Salz & Muskat

Die Gamsschulter von groben Sehnen und Häuten befreien, in gleichmäßige Stücke schneiden, mit Salz und weißem Pfeffer würzen, mit den gestoßenen Wacholderbeeren einreiben und 1 Stunde im Kühlschrank ziehen lassen.
Karotte, Gelbe Rübe und Sellerie in 1 cm große Stücke schneiden und in einem Topf mit heißem Öl hellbraun rösten. Paradeismark beigeben und weiter rösten, mit Gin und Rotwein ablöschen, auf die Hälfte reduzieren, mit Wildfond auffüllen und die Lorbeerblätter dazugeben. Die geschnittene Gamsschulter in den Ansatz geben und ca. 1½ Stunden bei kleiner Flamme kochen lassen. Das Gamsfleisch herausheben, die Soße mit Obers und Preiselbeeren versetzen, nochmals auf die Hälfte reduzieren und anschließend mit einem Sieb passieren. Danach das Gamsfleisch wieder beigeben, aufkochen lassen und wenn nötig mit Salz, Pfeffer und Wacholder nochmals abschmecken.
Geschälte Maroni in eine heiße Pfanne mit Butter geben, mit Zucker schwenken und mit Portwein ablöschen. Erdäpfel mit der Schale kochen, schälen und passieren, mit Öl, Eidotter, Stärkemehl, Salz und Muskat verkneten und mit den Maroni zu Knödeln formen. In leicht gesalzenem Wasser mit einem Spritzer Öl ca. 20 Minuten leicht kochen.

Gamsrücken
mit Zimt und Zitronenthymian auf Rote-Rüben-Gnocchi

ZUTATEN FÜR 6 PERSONEN

360 g Gamsrücken
Salz
Pfeffer
Öl
Zitronenthymian
Wildfond
Butter

Gnocchi
4–5 mittelgroße Erdäpfel
1–2 Dotter
Öl
Salz
Muskat
1–2 EL Stärkemehl
Butter
2 Rote Rüben
Salz
Pfeffer
Kümmel
Maizena
Butter

Den Gamsrücken portionieren. Mit Salz und Pfeffer würzen, in heißem Öl von beiden Seiten scharf anbraten und Thymian beigeben. Im Backrohr bei 180 °C ca. 5 Minuten fertig garen. Aus der Pfanne nehmen und warm stellen. Den Bratrückstand mit Wildfond ablöschen, durch ein Sieb passieren, einkochen lassen und eventuell mit etwas Butter binden.
Für die Gnocchi die Erdäpfel waschen, kochen und schälen. Noch warm durch eine Erdäpfelpresse pressen und mit Dotter, Öl, Salz, Muskat und Stärkemehl zu einem glatten Teig verkneten. Den Teig zu Gnocchi formen. In Salzwasser kurz vor dem Anrichten kochen. Die gekochten Gnocchi in einer Pfanne mit brauner Butter schwenken.
Die Roten Rüben mit Kümmel in Salzwasser kochen und schälen. Eine halbe Rübe grob schneiden, mit etwas Wasser fein mixen und durch ein Haarsieb laufen lassen.
Den gewonnenen Saft abschmecken und mit etwas Maizena leicht binden. Die restlichen Rüben in 2 mm dicke Scheiben schneiden und in den Saft geben. Einmal aufkochen und mit etwas kalter Butter montieren.

Selchfleisch-Knödel von der Gams
auf geschmortem Kohlrabi-Kraut

ZUTATEN FÜR 6 PERSONEN

Teig
½ kg mehlige Erdäpfel
150 g Topfen (20% Fett)
200 g griffiges Mehl
200 g Stärkemehl
50 g flüssige Butter
1 Ei, 2 Dotter
Salz, weißer Pfeffer

Fülle
600 g geselchter Gamsschlögel, ausgelöst
2 große Zwiebeln
60 g Schmalz
Salz, Pfeffer
2–3 EL Petersilie, gehackt
Thymian, gehackt

Kohlrabi-Kraut
4 Kohlrabi
1 Weißkrautkopf
5 Schalotten
100 g Butter
Honig
1/16 l Weißwein
200 ml Wasser
1/16 l Weißweinessig
1 TL Kümmel, gemahlen
1 TL Koriander, gemahlen
1 TL Kümmel, ganz
Zucker
Salz, Pfeffer
eventuell 200 ml Wildfond

Teig: Erdäpfel schälen, schneiden und in Salzwasser kochen, abseihen und im vorgeheizten Rohr bei 100 °C etwa 5 Minuten ausdampfen lassen. Durch die Erdäpfelpresse drücken und mit restlichen Zutaten rasch zu kompakten Teig verkneten.
Fülle: Geselchten Schlögel in grobe Stücke schneiden und faschieren. Zwiebeln schälen, kleinwürfelig schneiden und im Schmalz hellbraun rösten; Zwiebelröstung mit Faschiertem vermengen, mit Salz, Pfeffer, Petersilie und Thymian würzen. Aus der kühlen Masse kleine Kugeln formen und etwa 30 Minuten kalt stellen.
Teig auf einer bemehlten Fläche zu einer Rolle formen und in Stücke teilen und flach drücken. Jedes Stück mit einer Kugel belegen und zu Knödeln formen. Knödel in kochendes Salzwasser legen und bei geringer Hitze 5–7 Minuten leicht kochen lassen.
Kohlrabi-Kraut: Kohlrabi schälen. Kraut putzen, Strunk entfernen. Schalotten schälen. Alles in feine Streifen schneiden. Butter mit Honig karamellisieren lassen, Kraut und Schalotten darin anschwitzen, Kohlrabistreifen beifügen, kurz durchrühren und mit Weißwein ablöschen. Den Wein vollständig einkochen lassen und anschließend mit Wasser aufgießen. Mit Kümmel, Koriander, Zucker, Salz sowie Pfeffer würzen und das Kraut bei geringer Hitze etwa 20 Minuten weich dünsten lassen.
Selchfleischknödel mit Kohlrabi-Kraut (und eventuell mit Wildfond) anrichten.

Rehpastete
mit Sauce Cumberland

ZUTATEN FÜR 4 PERSONEN

Pastetenteig mit Butter
400 g Mehl (glatt)
200 g Butter
6 g Salz
1 Eiklar
5–8 EL Wasser

140 g Rehfleisch
140 g Schweinefleisch
160 g frischer Speck
8 g Salz
5 Wacholderbeeren, zerdrückt
Schale von je ½ Orange und Zitrone

2 Rehfilets (etwa 250 g)
2 EL Öl
120 ml Rehfond oder milde Rindsuppe
1 EL Butter
25 g Schalotten, würfelig geschnitten
2 cl Cognac
4 Wacholderbeeren
30 g geschälte Pistazien, grob gehackt

Butter für die Form
1 Ei zum Bestreichen
1 Form von 1 l Inhalt

Pastetenteig: Mehl mit Butter, Salz, Eiklar und Wasser rasch zu einem Teig verarbeiten; in Frischhaltefolie wickeln und mindestens 1 Stunde kalt stellen. Das Reh- und Schweinefleisch von allen Sehnen und Häutchen befreien, in grobe Stücke schneiden. Fleisch mit Gewürzen gut vermengen und zweimal faschieren. Speck in Streifen schneiden und nur einmal faschieren und unter die Farce mengen. Rehfilets salzen und in heißem Öl kurz anbraten, aus der Pfanne nehmen und Öl abgießen. Butter in der Pfanne schmelzen, Schalotten darin hell anschwitzen, mit Cognac ablöschen und mit Rehfond (oder Rindsuppe) einkochen; durch ein Sieb passieren und auskühlen lassen. Die Pistazien unter die Farce mengen. Befettete Kastenform (1 l Inhalt) mit Teig auslegen, Farce 3 cm hoch einfüllen, Rehfilet darauflegen, restliche Farce darübergeben und Oberfläche glatt streichen. Überstehende Teigränder darüberlegen, mit Dotter-Obers bepinseln. Restlichen Teig erneut ausrollen, einen Deckel für die Pastete ausschneiden, auf die Pastete legen, mit rundem Ausstecher zwei „Kamine“ in den Deckel stechen. Eine doppelt gefaltete Alufolie passend zusammenrollen und in die Kamine stecken, damit der Dampf entweichen kann. Deckel mit verquirltem Ei bestreichen; Pastete im vorgeheizten Rohr bei 220 °C etwa 15 Minuten vorbacken, bei 170 °C weitere 25 Minuten backen. Pastete aus dem Rohr nehmen, in der Form auskühlen lassen und mindestens 12 Stunden kalt stellen.

Carpaccio vom Rehrückenfilet
mit Pilzen auf Salat

ZUTATEN FÜR 4 PERSONEN

400 g Rehrückenfilet

Pilze
½ Bund Petersilie
200 g kleine Eierschwammerln
3 EL Olivenöl
Salz, Pfeffer
Zitronensaft
2 Handvoll Vogerlsalat, 1 Handvoll Frisée und Lollo Rosso
2 EL Walnussöl
1 EL Apfelessig
Prise Salz

Carpaccio
3 EL Olivenöl
1 EL Zitronensaft
schwarzer Pfeffer, Salz
evtl. Parmesan, frisch gehobelt

Fleisch sorgfältig mit einem scharfen Messer zuputzen (sämtliches Fett und auch die feinen Häutchen vollständig entfernen). Fleisch in Frischhaltefolie wickeln und etwa 1 Stunde tiefkühlen.

Pilze: Petersilie waschen und trocken schütteln. Blättchen abzupfen und fein hacken. Pilze putzen. Öl in einer großen Pfanne erhitzen, Pilze darin unter Wenden bei großer Hitze rösten, Petersilie beifügen und mit Salz, Pfeffer sowie Zitronensaft würzen.

Salate waschen, gut abtropfen oder trocken schleudern. Walnussöl mit Apfelessig sowie einer Prise Salz mit einer Schneerute in einer Schüssel gut verrühren. Salat mit der Marinade behutsam vermengen.

Carpaccio: Olivenöl mit Zitronensaft und Salz verrühren. Marinade auf 4 große Teller streichen.

Fleisch aus dem Tiefkühler nehmen, Folie entfernen und das Fleisch mit einem sehr scharfen Messer in sehr dünne Scheiben schneiden. Eventuell Fleischscheiben zwischen Frischhaltefolie mit einem Nudelwalker dünn ausrollen. Fleischscheiben dachziegelartig dekorativ auf Teller legen. Salat als Bouquet auf das Carpaccio geben und Pilze rundum streuen. Eventuell mit frisch gehobeltem Parmesan garnieren.

Rehrücken vom Grill
mit gegrilltem Gemüse

ZUTATEN FÜR 4 PERSONEN

800 g Rehrücken mit Knochen
Salz, Pfeffer,
2 EL Wacholder und Thymian, gehackt
Olivenöl

Grillgemüse
Etwa 600 g verschiedene Gemüse (z. B. Melanzani, Zucchini, Erdäpfel, Paradeiser, Steinpilze)
Salz, Pfeffer
frische Kräuter, gehackt

Rehrücken salzen, pfeffern, mit Kräutern einreiben und mit etwas Olivenöl in Alufolie einwickeln; auf den Grillrost legen und unter mehrmaligem Wenden etwa 10–15 Minuten rosa grillen. Fleisch aus der Folie nehmen und nochmals kurz auf den heißen Rost legen, damit es das typische Grillmuster erhält.
Grillgemüse: Gemüse waschen, putzen und in Scheiben schneiden, mit Salz, Pfeffer und gehackten Kräutern würzen und auf dem heißen Grill grillen.

Gebackene Rehleber
mit Rote-Rüben-Carpaccio und Kren-Vinaigrette

ZUTATEN FÜR 4 PERSONEN

400 g Rehleber
Pfeffer
Mehl
1–2 Eier
Semmelbrösel
Fett zum Ausbacken
Salz

Beilagen
4 gleich große Rote Rüben
Kümmel, ganz
Balsamico-Essig
Olivenöl
2 EL Dijon-Senf
Salz, Pfeffer
Kren, frisch gerissen

Die Rehleber enthäuten, von den Adern befreien und die Leber in 3 cm dicke Scheiben schneiden; pfeffern. In Mehl, verquirlten Eiern und Semmelbröseln panieren und in heißem Fett goldgelb herausbacken. Auf Küchenkrepp gut abtropfen lassen und salzen.
Rote Rüben schälen und in mit reichlich Kümmel versetztem Salzwasser etwa 40–50 Minuten weich kochen. Herausnehmen, gut abtropfen und abkühlen lassen. Rote Rüben schälen und am besten mit einer Aufschnittmaschine in sehr feine Scheiben (etwa 1 mm) schneiden. Dekorativ auf Tellern auflegen.
Die beim Aufschneiden angefallenen Rote-Rüben-Reste (etwa 100 g) mit 200 ml Kochfond, einigen Spritzern Balsamico-Essig, etwas Olivenöl und Dijon-Senf im Mixer kurz zu einer sämigen Konsistenz pürieren, mit Salz und Pfeffer abschmecken.
Rote-Rüben-Carpaccio mit der Vinaigrette beträufeln, mit Kren nach Geschmack bestreuen und mit gebackener Rehleber anrichten.

Maibockrücken
mit gebratenen Salatherzen

ZUTATEN FÜR 4 PERSONEN

600 g Rehrücken, ausgelöst
Salz, Pfeffer
Bratfett

Sauce
1 mittlere rote Zwiebel
3 Wacholderbeeren
Muskatnuss, frisch gerieben
1 EL Liebstöckel, gehackt
½ l Rotwein von der Shiraztraube (oder Blauburger)
¼ l Wildfond (s. Grundrezept S. 224)
2 EL kalte Butter

Beilage
2 Salatherzen
griffiges Mehl

Den Rehrücken von Fett und Sehnen befreien, salzen, pfeffern und in einer Pfanne in heißem Fett kurz anbraten. Anschließend im vorgeheizten Rohr bei 220 °C etwa 2–3 Minuten garen. Fleisch auf einen Teller geben und im ausgeschalteten Rohr (90 °C) warm halten.
Sauce: Zwiebel schälen, feinwürfelig schneiden und im Bratrückstand glasig anrösten. Gewürze und Kräuter beigeben, mit Rotwein ablöschen, mit Wildfond aufgießen und bei mittlerer Hitze etwa 10–15 Minuten einkochen lassen. Durch Einrühren kalter Butterstücke zu einer sämigen Sauce rühren.
Hinweis: Die Sauce darf nicht mehr kochen!
Beilage: Salatherzen vierteln, Schnittfläche in Mehl drücken, mit bemehlter Seite in erhitztes Öl einlegen und bei großer Hitze rasch knusprig braten; wenden und salzen.
Rehrücken in Scheiben schneiden und auf vorgewärmten Tellern mit Rotweinsauce und gebratenen Salatherzen anrichten.

Nüsschen vom Maibock
mit Wildspargel

ZUTATEN FÜR 6 PERSONEN

1 Rücken vom Maibock
Öl
300 g Wurzelgemüse
2 EL Paradeismark
½ l Rotwein
Wacholder
Lorbeerblatt
Pfefferkörner
Salz, Pfeffer
kalte Butter zum Binden

Beilagen
300 g Morcheln
600 g grüner Wildspargel
Butter zum Braten
100 ml Gemüsefond oder Wasser
Salz, Pfeffer

Rehrücken vom Knochen schneiden und zuputzen. Knochen klein hacken und mit den Abschnitten in reichlich Öl in einem Bräter rösten. Wurzelgemüse putzen und in Würfel schneiden; nach etwa 30 Minuten mit dem Paradeismark zu den Knochen geben und alles braun rösten. Anschließend mit Rotwein ablöschen. Den Bratensatz lösen, mit etwas Wasser auffüllen, Gewürze beifügen, aufkochen und abseihen. Fond auf etwa ½ Liter einkochen, mit Salz und Pfeffer abschmecken und durch Einrühren kalter Butter binden.
Maibock-Rücken mit Salz und Pfeffer würzen und in einer großen Pfanne rundum anbraten. Aus der Pfanne nehmen, auf ein Gitter legen und im vorgeheizten Rohr bei 180 °C ca. 10 Minuten rosa braten.
Beilagen: Morcheln putzen und in reichlich lauwarmem Wasser einweichen und anschließend abseihen. Vom Spargel die holzigen Enden entfernen und Spargel in Stücke schneiden. In einer Pfanne Butter erhitzen, Morcheln und Spargel darin anschwitzen. Mit Fond oder Wasser untergießen und weich dünsten, mit Salz sowie Pfeffer abschmecken.
Spargel-Morchel-Gemüse auf Tellern anrichten, Fleisch in Scheiben schneiden, auf das Gemüse setzen und mit Sauce umgießen.

Rehbraten gerollt
mit Wurzeln und Erdäpfelwürfeln

ZUTATEN FÜR 6 PERSONEN

800 g Rehkeule, ausgelöst
Salz, Pfeffer
Piment
50 g Speck, in Scheiben geschnitten
40 g Dörrzwetschken, gehackt
30 g Speck, würfelig geschnitten

Erdäpfelwürfel
4 festkochende Erdäpfel
Butterschmalz zum Ausbacken
Salz

Wurzelgemüse
1 kg Wurzelgemüse (Karotten, Sellerie, Lauch, Gelbe Möhren, Staudensellerie)
Salz
2 EL Butter
100 g Backpulver
1½ l Mineralwasser

Erdäpfelwürfel: Erdäpfel schälen und in 1 cm große Würfel schneiden. In heißem Butterschmalz goldgelb und knusprig ausbacken, auf Küchenkrepp gut abtropfen lassen und salzen.
Wurzelgemüse in 1 cm große Würfel schneiden und in mit Salz, Butter und Backpulver versetztem Mineralwasser bei mittlerer Hitze bissfest garen, abseihen und gut abtropfen lassen.
Rehkeule so aufschneiden, dass eine rechteckige Fläche entsteht. Fleisch mit Salz, Pfeffer und Piment würzen, mit Speckscheiben gleichmäßig belegen. Dörrzwetschken darauf verteilen. Anschließend Fleisch eng einrollen und mit Küchengarn binden. In einer Pfanne den würfelig geschnittenen Speck erhitzen, Rollbraten darin rundum kräftig anbraten und im vorgeheizten Rohr bei 160 °C etwa 8 Minuten garen. Fleisch wenden und weitere 4 Minuten garen. Anschließend 5 Minuten rasten lassen. Küchengarn entfernen. Rollbraten in 1½ cm dicke Scheiben schneiden, mit Erdäpfelwürfeln und Wurzelgemüse anrichten.

Rehgröstl
mit Rotweinsauce

ZUTATEN FÜR 6 PERSONEN

1¼ kg Rehrückenfilet
Salz
weißer Pfeffer aus der Mühle
4–5 Wacholderbeeren
1 Lorbeerblatt
Öl und Butter zum Braten
6 mittelgroße Erdäpfel
Öl zum Braten
¼ l Zweigelt
¼ l Portwein
½ Zimtstange
1 Lorbeerblatt
Salz
weißer Pfeffer aus der Mühle
1 TL Zucker
1 EL Balsamico-Essig
1 EL Butter

1 Brokkoli
1 EL Butter

Das Rehfilet von Sehnen und Häuten befreien; mit Salz, weißem Pfeffer, den gestoßenen Wacholderbeeren und Lorbeerblatt würzen; in einer heißen Pfanne mit Öl und Butter rundum anbraten; bei 180 °C etwa 6 Minuten ins Rohr stellen; das Fleisch in Folie einpacken und an einen warmen Ort zum Rasten geben. Die Erdäpfel in fingerdicke Scheiben schneiden; in heißem Öl beidseitig gleichmäßig braun braten. Anschließend mit Salz würzen. Rotwein, Portwein, Zimtstange und Lorbeerblatt in einen kleinen Topf geben und erhitzen, das Ganze auf ¼ reduzieren, den Zucker und den Balsamico-Essig beigeben, nochmals kurz kochen lassen, mit Salz und Pfeffer abschmecken;
mit der kalten Butter aufmontieren. Den Brokkoli in Salzwasser kurz kochen und in Eiswasser abschrecken; in einer Pfanne erhitzen, mit Butter und Salz abschmecken. Das Ganze harmonisch mit Tranchen vom Filet am Teller arrangieren. Als Beilage wird Blattsalat empfohlen.

Tipp:
Gröstl muss nicht immer „rustikal" und fett sein, sondern kann mit edlem Wildfleisch zu einer faszinierenden Komposition bereitet werden. Wichtig ist das richtige Garen der einzelnen Produkte und die gefühlvolle Auswahl der Zutaten.

Rehrücken
in Burgunder gedämpft mit Pommes Williams

ZUTATEN FÜR 4 PERSONEN

600 g Rehrücken, zugeputzt
Salz, Pfeffer
Wacholderbeeren, zerdrückt
frischer Rosmarin, gehackt
1 rote Zwiebel, geschält
1 Karotte
1 Gelbe Rübe
1 Petersilienwurzel
Öl zum Braten
2 Lorbeerblätter
4 cl Gin
⅛ l Rehfond
⅛ l Burgunder
2 EL Petersilie, fein gehackt
etwas kalte Butter

Pommes Williams
800 g mehlige Erdäpfel
40 g Butter
2 Dotter
Salz
Muskatnuss, gerieben
50 g Mehl
1 Ei
50 g Brösel
Gewürznelken
Öl zum Herausbacken

Rehrücken in vier gleich dicke Scheiben schneiden, mit Salz, Pfeffer, Wacholderbeeren und Rosmarin würzen. Die Zwiebel und das Wurzelgemüse in 0,5 cm große Würfel schneiden. Fleischstücke in einer Pfanne kurz anbraten, aus der Pfanne nehmen. Zwiebel im Bratrückstand glasig anschwitzen, Gemüse und Lorbeerblätter beigeben. Mit Gin, Fond und Rotwein auffüllen und auf die Hälfte einkochen lassen. Einen passenden Dämpfeinsatz auf die Pfanne setzen, Fleisch in den Einsatz geben und zugedeckt bei geringer Hitze 10 Minuten dämpfen. Schmorgemüse mit Salz, Pfeffer und gehackter Petersilie würzen, Sauce mit etwas kalter Butter binden.
Pommes Williams: Rohe Erdäpfel schälen, kochen, ausdampfen lassen und heiß passieren. Dann mit Butter, Dottern, Salz und Muskat vermischen. Aus der Masse mit dem Dressiersack (ohne Tülle) Birnen (unten dicker, oben dünner) auf ein bemehltes Brett dressieren. Überkühlen, anschließend in Mehl, Ei und Bröseln panieren und nachformen, oben ein Stück Gewürznelke als Stängel einsetzen, aufrecht stehend in den Frittierkorb stellen und rasch in heißem Fett bei 180 Grad goldgelb herausbacken.
Gemüse samt Sauce auf vorgewärmten Tellern anrichten, Fleisch dekorativ daraufsetzen und Pommes Williams dazulegen.

Rehkeule
auf Bohnengemüse mit Petersil-Nudeln

ZUTATEN FÜR 6–8 PERSONEN

1 Rehkeule
Salz, Pfeffer
Wacholder, im Mörser zerstoßen
½ TL Senfkörner
Prise Ingwer, gemahlen
Öl oder Schmalz
1 Karotte
1 Gelbe Rübe
2 Zwiebeln
½ Knoblauchzehe
einige Petersilienstängel
½ EL Paradeismark
Wildfond
1 EL Stärkemehl

Bohnengemüse
Prinzessbohnen (ersatzweise dünne Fisolen)
Salz
½ Zwiebel
Butter
Paradeiswürfel
Gemüsefond (Kochwasser der Prinzessbohnen)

Petersil-Nudeln
100 g Petersilie
1 Ei
3 Dotter
1 EL Mineralwasser
200 g griffiges Mehl
1 Schuss Olivenöl
Mehl zum Ausarbeiten
Butter zum Schwenken
Salz, Pfeffer

Die Rehkeule mit den Gewürzen einreiben. In einer Schmorpfanne Öl oder Schmalz erhitzen, Rehkeule darin von beiden Seiten scharf anbraten und im vorgeheizten Rohr bei 220 °C etwa 30 Minuten braten. Karotte, Gelbe Rübe, Zwiebeln würfelig schneiden und Knoblauch und Petersilie beifügen; eine weitere Stunde braten. Paradeismark einrühren und die Temperatur auf 180 °C reduzieren. Mit wenig Wasser oder Wildfond oder Suppe untergießen und die Rehkeule mit Alufolie abdecken. Eine weitere Stunde unter ständigem Übergießen fertig schmoren.
Prinzessbohnen in Salzwasser blanchieren, kalt abschrecken, gut abtropfen lassen und schräg halbieren. Zwiebel kleinwürfelig schneiden, in etwas Butter anschwitzen, die Paradeiswürfel und die Prinzessbohnen dazugeben, mit dem Gemüsefond untergießen und bei geringer Hitze etwa 5 Minuten dünsten lassen. Würzen und bis zum Anrichten beiseite stellen.

Petersil-Nudeln: Petersilie, Ei, Dotter und Mineralwasser fein pürieren. Mit Mehl, Olivenöl und etwas Salz zu einem geschmeidigen Teig verarbeiten. Zugedeckt etwa 30 Minuten rasten lassen. Teig vierteln, jedes Teigstück auf bemehlter Arbeitsfläche nochmals gut durchkneten. Teigstücke möglichst dünn – etwa 1 mm – auswalken oder mit der Nudelmaschine dünn ausrollen. Teigbahnen mit der Nudelmaschine in 2 mm breite Streifen schneiden. Hinweis: Sofort mit den Händen vorsichtig lockern.
In Salzwasser etwa 2 Minuten kochen lassen, abseihen und in Butter schwenken. Vor dem Servieren mit Salz und Pfeffer würzen.
Rehkeule aus dem Rohr nehmen und auslösen. Saft durch ein Sieb seihen, um ein Drittel einkochen. Stärkemehl mit Wasser glatt rühren und durch Einrühren den Saft binden. Das ausgelöste Fleisch in Scheiben schneiden, auf Tellern anrichten, mit Saft übergießen und mit Bohnengemüse und Petersil-Nudeln anrichten.

Rehmedaillons
mit Kürbisgemüse

ZUTATEN FÜR 4 PERSONEN

8 Rehmedaillons (à etwa 70 g)
Salz, Pfeffer
Petersilie, gehackt
Wacholderbeeren, zerdrückt
Öl
Wildfond (s. Rezept S. 224)
eventuell 1 EL kalte Butter

Kürbisgemüse
200 g Kürbisfleisch (z. B. Muskat oder Butternuss)
½ Zwiebel, gehackt
2 EL Olivenöl
Salz, Pfeffer

Rehmedaillons mit Salz, Pfeffer, gehackter Petersilie und zerdrückten Wacholderbeeren würzen; in heißem Öl von beiden Seiten scharf anbraten. Im vorgeheizten Rohr bei 180 °C etwa 5 Minuten fertig garen.
Aus der Pfanne nehmen und warm stellen. Den Bratrückstand mit Wildfond ablöschen, durch ein Sieb passieren, einkochen lassen und eventuell mit etwas Butter binden.
Kürbisfleisch würfelig schneiden und mit der Zwiebel in heißem Olivenöl anschwitzen. Mit Salz und Pfeffer würzen. Mit etwas Wasser oder Suppe untergießen und bei geringer Hitze etwa 10 Minuten dünsten lassen. Kürbisgemüse auf Tellern anrichten. Medaillons daraufsetzen und mit der Sauce überziehen. Eventuell mit junger Petersilie oder frischem Kerbel garnieren.
Dazu passen sehr gut Sellerietascherln. Diese auf die gleiche Weise zubereiten wie Schwarzwurzeltascherln, nur anstelle von Schwarzwurzeln 200 g würfelig geschnittene Sellerieknolle (siehe Seite 156) verwenden.

Rehrücken
unter der Petersilkruste

ZUTATEN FÜR 6 PERSONEN

6 Rehrückenstränge (à etwa 140 g)
1 Rosmarinzweig
1 TL Wacholder, gehackt
1 Thymianzweig
Öl,
Salz, Pfeffer
1 TL glattes Mehl
¼ l Wildfond
etwa 1–2 EL kalte Butter

Kruste
120 g Butter
3 EL Petersilie, gehackt
3 EL Semmelbrösel
Salz, Pfeffer, Muskat

Maroni-Lasagne
etwa 300 g Erdäpfelpüree
(s. Rezept Waldschnepfen
à la Colbert, S. 76)
100 g Maronipüree (evtl. Fertigprodukt)
50 g gegarte Maroni, gehackt
2 Strudelteigblätter
Fett zum Backen

Rehrückenstränge salzen, pfeffern und in erhitztem Öl rundum braten. Im vorgeheizten Rohr auf mittlerer Schiene bei 200 °C etwa 5 Minuten rosa fertig braten. Fleisch aus der Pfanne nehmen und rasten lassen. Bratrückstand mit Mehl stauben und mit Wildfond ablöschen. Durch ein Sieb seihen und die Sauce durch Einrühren mit kalter Butter montieren (= binden).
Kruste: Butter zerlassen und alle Zutaten darin kurz rösten, von der Hitze nehmen und kurz überkühlen lassen. Masse auf den Rehrücken drücken und bei starker Oberhitze goldbraun garen.
Maroni-Lasagne: Beide Pürees verrühren und erwärmen. Gehackte Maroni unterrühren. Aus den Strudelteigblättern Quadrate (5 x 5 cm) schneiden und in heißem Fett goldgelb backen. Püree in einen Dressiersack füllen. Jeweils 5 Strudelteigblätter abwechselnd mit Püree zu Türmchen zusammensetzen.
Den Rehrücken in Scheiben schneiden, auf der Sauce anrichten und die Maroni-Lasagne servieren.

Rosa Rehrücken
mit Rosinensauce, Steinpilzen und gebratenen Serviettenknödeln

ZUTATEN FÜR 6 PERSONEN

1½ kg Rehrücken
2 EL Olivenöl
1 kg Wurzelgemüse
2 Zwiebeln
10 Wacholderbeeren
2 EL Honig
0,7 l Cabernet Sauvignon
weißer Pfeffer aus der Mühle
Salz, frischer Thymian
80 g Rosinen

½ kg Steinpilze
2 EL Butter

Serviettenknödeln
1 Bund Petersilie
½ kg Knödelbrot
150 g Milch
120 g zimmerwarme Butter
4 Eier, Salz, weißer Pfeffer
Muskatnuss

Sauce: Den Rehrücken vom Knochen lösen und fein zuputzen, die Häute und Sehnen wegschneiden. Die Knochen fein hacken und in Olivenöl stark anbraten, die Sehnen und Parüren beigeben und mit geschnittenem Wurzelgemüse und den Zwiebeln langsam rösten, Wacholderbeeren, Honig beigeben und leicht karamellisieren lassen, mit Rotwein ablöschen und einreduzieren. Mit Wasser oder Fond auffüllen und einkochen, abseihen. Für die Rosinensauce wird die vorbereitete Rehsauce mit Butter aufmontiert und mit Salz und weißem Pfeffer abgeschmeckt. Die Rosinen werden als Einlage gegeben, es kann auch noch etwas halbgeschlagenes Obers untergezogen werden.
Serviettenknödel: Das Weißbrot in Würfel oder Scheiben schneiden, in Milch einweichen, salzen. Die zimmerwarme Butter schaumig schlagen, Eidotter nach und nach beigeben, mit Muskatnuss, Salz und weißem Pfeffer würzen. Den Butterabtrieb unter das eingeweichte Knödelbrot mengen, das Eiweiß aufschlagen und

unter die Masse heben. Die Knödelmasse auf einer Klarsichtfolie auftragen, zu ca. 4 cm dicken Rollen formen, dicht und fest einrollen. Die gerollten Serviettenknödel mit einer Stoffserviette nochmals umhüllen und im kochenden Salzwasser für ca. 40 Minuten kochen (nicht zu stark, langsam wallende Hitze). Die in Scheiben geschnittenen Serviettenknödel werden in einer Pfanne in goldgelber Butter gebraten und mit den Steinpilzen angerichtet. Steinpilze putzen und in nussgroße Stücke schneiden, in Butter anschwenken und mit gehackter Petersilie, Salz und weißem Pfeffer aus der Mühle würzen.
Rehrücken salzen, pfeffern und mit zerdrückten Wacholderbeeren bestreuen, anbraten. In eine heiße Pfanne mit Olivenöl und etwas Butter geben, einen Thymianzweig dazu, das Rehrückenfilet einlegen, wenden und bei ca. 200 °C für rund 8 Minuten in das vorgeheizte Backrohr schieben. Nach dem Bratvorgang das Fleisch für weitere 3 Minuten in Herdnähe rasten lassen, erst dann aufschneiden und anrichten.

Nüsschen vom Rehbock
mit Grappa-Rosinen und Schwarzwurzeltascherln

ZUTATEN FÜR 4 PERSONEN

600 g Rehrücken, ausgelöst und zugeputzt
Salz, Pfeffer
Petersilie, gehackt
Wacholderbeeren, zerdrückt
Öl
Wildfond (s. Rezept S. 224)
eventuell 1 EL kalte Butter

Nudelteig
125 g griffiges Mehl
1 Dotter
2 Eier
½ EL Öl
1 Prise Salz

Fülle
200 g Schwarzwurzeln, geschält
80 ml Schlagobers
20 g Butter
70 ml Milch
Salz, Pfeffer, Muskatnuss
Zitronensaft
braune Butter

Grappa-Rosinen (s. Rezept S. 188)

Nudelteig: Alle Zutaten zu einem glatten Nudelteig verkneten. Teig zu einer Kugel formen und zugedeckt etwa 30 Minuten rasten lassen.
Fülle: Schwarzwurzeln in kleine Würfel schneiden. Obers mit Butter sowie Milch aufkochen, Schwarzwurzeln darin bei geringer Hitze etwa 20 Minuten weich dünsten. Mit Salz, Pfeffer, Muskatnuss würzen und fein pürieren.
Teig vierteln und jedes Teigstück auf bemehlter Arbeitsfläche nochmals gut durchkneten. Teigstücke möglichst dünn – etwa 1 mm dick – auswalken oder mit der Nudelmaschine dünn ausrollen. Füllung in regelmäßigen Abständen auf einer Nudelplatte verteilen, Ränder mit lauwarmem Wasser bestreichen, mit zweiter Teigplatte bedecken, rund um die Fülle gut zusammendrücken und mit einem Ausstecher ausstechen oder mit dem Nudelrad ausrollen.
Tascherln in reichlich kochendes Salzwasser einlegen und bei mittlerer Hitze etwa 5–6 Minuten kochen. Mit einem Lochschöpfer aus dem Wasser heben, gut abtropfen lassen, in brauner Butter kurz wenden.
Rehrücken portionieren, mit Salz, Pfeffer, Petersilie und Wacholder würzen und in heißem Öl von beiden Seiten scharf anbraten. Im vorgeheizten Rohr bei 180 °C etwa 5 Minuten fertig garen; warm stellen. Den Bratrückstand mit Wildfond ablöschen, durch ein Sieb passieren, einkochen lassen und eventuell mit etwas kalter Butter binden.

Rehrücken
mit Rotkraut und Apfel-Semmelkren

ZUTATEN FÜR 4 PERSONEN

600 g Rehrucken, ausgelöst und zugeputzt
Salz, Pfeffer
1–2 EL Petersilie, gehackt
Wacholder, zerdrückt
etwas Öl
Wildfond
Butter

Rotkraut
1 Rotkrautkopf
Salz
Fett zum Braten
1 Zwiebel
Zucker
¼ l Rotwein
¼ l Orangensaft
1 Zimtstange
Preiselbeeren nach Geschmack

Apfel-Semmelkren
400 ml Rindsuppe
1 Briefchen Safran
1 Semmel
Salz, Zucker
1 Spritzer Apfelbalsamessig
4 EL Kren, frisch gerissen
1–2 Äpfel, geschält, entkernt und würfelig geschnitten

Rehrücken mit Salz, Pfeffer, Petersilie und Wacholder würzen und in heißem Öl von beiden Seiten scharf anbraten. Im vorgeheizten Rohr bei 180 °C etwa 5 Minuten fertig garen. Aus der Pfanne nehmen und warm stellen. Bratrückstand mit Wildfond ablöschen, durch ein Sieb passieren, einkochen lassen und eventuell mit etwas Butter binden.
Rotkraut: Rotkraut mit einem Krauthobel hacheln (raffeln) und leicht salzen. Zwiebel schälen, fein hacken und in erhitztem Fett farblos anschwitzen. Zucker einstreuen, karamellisieren lassen und Rotkraut zufügen, kurz durchrühren, mit Rotwein ablöschen, mit Orangensaft auffüllen, Zimtstange beigeben und Rotkraut zugedeckt bei geringer Hitze weich kochen lassen.
Apfel-Semmelkren: Rindsuppe mit Safran bei geringer Hitze um ein Drittel einkochen lassen. Semmel in Würfel schneiden, in die Suppe geben, mit einer Schneerute cremig rühren. Mit Salz, Zucker und Apfelbalsamessig abschmecken. Geriebenen Kren und Apfelwürfel untermengen und einmal aufkochen lassen. Rehrücken mit Rotkraut und Apfel-Semmelkren anrichten.

Rehschlögel
in Pilz-Rahm mit Böhmischen Knöderln

ZUTATEN FÜR 6 PERSONEN

1 kg Rehschlögel
Salz, Pfeffer
Wacholderbeeren, gehackt
Öl zum Braten
2 Zwiebeln
1 Karotte
½ Knolle Knoblauch, gehackt
¼ l Rotwein
je 3 Rosmarin- und Thymianzweige
¼ l brauner Fond

Böhmische Knöderln
⅜ l lauwarme Milch
½ Packung Germ
½ kg griffiges Mehl
50 g Weißbrotwürfel
1 Ei
Petersilie, gehackt
Salz, Pfeffer, Muskatnuss

Pilz-Rahm
2 Zwiebeln
3 Knoblauchzehen
¼ kg Champignons, geputzt
¼ kg Steinpilze, geputzt
¼ l Schlagobers
Salz, Pfeffer
Petersilie, gehackt
¼ l Sauerrahm

Den Rehschlögel mit Salz, Pfeffer und Wacholderbeeren würzen und in einer Bratwanne in erhitztem Öl rundum scharf anbraten. Das Fleisch herausnehmen. Zwiebeln und Karotten schälen, würfelig schneiden und mit Knoblauch im Bratrückstand braun rösten, den Rehschlögel einlegen, mit Rotwein ablöschen und mit Kräuterzweigen bestreuen. Im vorgeheizten Rohr bei 220 °C etwa 1½ Stunden schmoren. Hinweis: Während des Garens öfter mit braunem Fond übergießen.
Böhmische Knöderln: Frische Germ in lauwarmer Milch auflösen, die restlichen Zutaten dazugeben und alles zu einem glatten Germteig verkneten; zugedeckt an einem warmen Ort gehen lassen. Hinweis: Das Volumen soll sich verdoppeln. Anschließend den Germteig nochmals gut durchkneten. Aus dem Teig auf bemehlter Arbeitsfläche eine Rolle formen, zweimal in Klarsichtfolie wickeln; Enden gut

verschließen und die Knöderln in kochendes Wasser einlegen. Bei geringer Hitze zugedeckt etwa 35 Minuten kochen lassen.
Pilz-Rahm: Zwiebeln und Knoblauch schälen, fein hacken. Pilze in feine Scheiben schneiden. Zwiebeln in Butter anschwitzen, Knoblauch und Pilze beifügen und kurz mitrösten. Mit Schlagobers aufgießen, mit Salz und Pfeffer würzen, mit Petersilie verfeinern. Sauerrahm glatt rühren und unter die kochende Sauce rühren. Schlögel tranchieren, Knöderln in Scheiben schneiden und mit rahmiger Pilzsauce anrichten.

Tipp:
Größere Fleischstücke sollte man mit Speck spicken, damit sie nicht zu trocken werden. Statt Wacholder passt auch sehr gut frischer Koriander.

Nüsschen vom Rehrücken
im Brotteig

ZUTATEN FÜR 6 PERSONEN

600 g Rehrücken, ausgelöst
6 Scheiben Toastbrot
etwas frischer Bärlauch
Salz, Pfeffer

Farce
100 g Hühnerfleisch, kalt
100 ml Schlagobers, kalt
Salz, Pfeffer
Cognac

Gemüse
400 g Zuckerschoten
400 g Karotten
Salz
Pfeffer
1–2 EL Butter zum Schwenken

Farce: Hühnerfleisch faschieren und anschließend im Cutter mit Obers, Salz, Pfeffer und Cognac zu einer cremigen Farce verarbeiten.
Rehrücken zuputzen und mit Salz und Pfeffer würzen. Toastbrotscheiben entrinden und auf 15 x 15 cm zuschneiden, flachlegen und jede Toastbrotscheibe gleichmäßig mit ⅙ der Hühnerfarce bestreichen. Bärlauch darauf verteilen. Rehfilets salzen, pfeffern, jeweils auf den Toast legen, eng einrollen und im Fett rundherum anbraten. Anschließend im vorgeheizten Rohr bei 180 °C etwa 5 Minuten garen, im ausgeschalteten Rohr bei 80 °C etwa 5 Minuten rasten lassen.
Gemüse: Die Zuckerschoten und Karotten putzen, Erbsenschoten in Rauten, Karotten in Scheiben schneiden. Gemüse in Salzwasser bissfest kochen, abseihen und kalt abschrecken. Butter erhitzen, Gemüse darin schwenken; mit Salz und Pfeffer würzen.
Rehnüsschen im Brotteig schräg durchschneiden, mit Gemüse dekorativ anrichten.

Rehschlögel
mit Schmorgemüse und Sellerie

ZUTATEN FÜR 6 PERSONEN

1 kg Rehschlögel
1 EL Pommery-Senf
je 2 EL frischer Rosmarin, Thymian, gehackt
Salz, Pfeffer
Olivenöl
1 EL Butter
1 EL Öl
¼ l Rehfond

Schmorgemüse
600 g gemischtes Gemüse (Karotten, Zeller, Lauch, Gelbe Rüben etc.)
Thymian, Lorbeer
Wacholder, Salz, Pfeffer
200 ml Rehfond

Sellerie
1 Sellerieknolle
300 ml Schlagobers
Salz, Pfeffer, Muskat

Rehschlögel mit Kräutern und Gewürzen einreiben. In einen Vakuumsack geben, in auf 72 °C erhitztem Wasser etwa 3 Stunden ziehen lassen. Fleisch aus dem Vakuumsack nehmen und in Butter und Öl nachbraten, bis es eine schöne Farbe hat.
Schmorgemüse: Gemüse putzen und in etwa 2 × 2 cm große Stücke schneiden. In einem Topf Öl erhitzen und das Gemüse darin anrösten, würzen, mit Rehfond untergießen und das Gemüse weich schmoren lassen; abschmecken.
Sellerie schälen und in 3 × 3 cm große Würfel schneiden; in Schlagobers aufkochen, mit Salz, Pfeffer sowie Muskat würzen und weich kochen.
Rehschlögel tranchieren, mit Schmorgemüse und Sellerie anrichten.

Geschmorter Rehschlögel
in Wurzelsauce mit Serviettenknödeln

ZUTATEN FÜR 6 PERSONEN

1 Rehschlegel (2–3 kg)
1 Thymianzweig
Wacholderbeeren
Salz, weißer Pfeffer
aus der Mühle
1 l Rotwein
½ l Wildfond
1–2 Suppengrün
1 Zwiebel
½ l Obers
2–3 EL Preiselbeeren
Öl und Butter zum Braten

Serviettenknödeln
8 altbackene Semmeln
3 Eier
¼ l Milch
Salz
Muskat
2 EL Sauerrahm

Den Rehschlegel vom Knochen befreien, mit Salz, Pfeffer würzen; den Thymianzweig an die Stelle des Knochens legen; gehackte Wacholderbeeren über das Fleisch streuen; alles in einem Topf in heißem Öl rundum anbraten; das Fleisch herausnehmen, das geschnittene Wurzelwerk in den Topf geben und so lange rösten, bis das Gemüse leicht braun ist; mit Rotwein ablöschen; mit Wildfond auffüllen; nach dem Aufkochen das Rehfleisch in den Topf zurückgeben und ca. 1½ Stunden bei 180 °C im Ofen schmoren lassen. Den Rehschlegel aus der Sauce herausnehmen; in Folie einpacken.
Die Sauce mit Obers auffüllen und bis zu ⅓ einreduzieren lassen; mit Preiselbeeren, Salz und Pfeffer abschmecken und mit einer Passiermaschine passieren. Kleiner Tipp: Orangenzesten (dünne Streifen der Orangenschale) und Grand Marnier zum Verfeinern beigeben.
Die Semmeln in grobe Würfel schneiden (9 Teile), in lauwarmer Milch einweichen, die verrührten Eier beigeben, mit Salz und Muskat abschmecken, 2 EL Sauerrahm unterrühren. Die Masse in eine Serviette einschlagen, zu einer runden Rolle formen und ca. 40 Minuten in Salzwasser kochen.

Rehschnitzel gebacken
mit Erdäpfel-Vogerlsalat

ZUTATEN FÜR 6 PERSONEN

etwa 1 kg Rehschlögel, ausgelöst und zugeputzt
Salz
Pfeffer
Petersilie, gehackt
etwas Zitronensaft
200 g Weißbrotbrösel (siehe Tipp unten)
100 g Mehl
3 Eier
Butterschmalz zum Ausbacken

Erdäpfel-Vogerlsalat
Erdäpfelsalat (siehe Rezept Wiener Maibock-Schnitzerl, S. 174)
Vogerlsalat, geputzt
Balsamico-Essig
Salz
Pfeffer
Zucker
Nussöl

Aus dem Rehschlögel Schnitzel schneiden und Schnitzel vorsichtig zwischen Frischhaltefolie plattieren oder mit der flachen Seite des Fleischklopfers klopfen. Folie entfernen und Schnitzel mit Salz, Pfeffer, Petersilie sowie Zitronensaft würzen. In Mehl, verquirlten Eiern sowie Weißbrotbröseln panieren und in heißem Butterschmalz unter ständigem Schwenken goldgelb backen; aus der Pfanne nehmen, auf Küchenkrepp gut abtropfen lassen und mit Erdäpfel-Vogerlsalat anrichten.
Erdäpfel-Vogerlsalat: Erdäpfelsalat nach Rezept zubereiten. Balsamico-Essig mit Salz, Pfeffer, Zucker und Nussöl gut verrühren und Vogerlsalat damit marinieren und mit Erdäpfelsalat vorsichtig vermengen.
Dazu passt sehr gut Preiselbeermarmelade. (Rezept siehe Grundrezepte S. 298)

Tipp:
Weißbrotbrösel: Entrindetes Toastbrot im Backrohr bei 60 °C zwei Stunden trocknen, anschließend fein reiben oder im Cutter zerkleinern.

Rehschnitzerl
im Natursaft

ZUTATEN FÜR 4 PERSONEN

Schmorkraut
1 Kopf Spitzkraut, würfelig geschnitten
50 g Speck, kleinwürfelig geschnitten
50 g Honig
Salz, Pfeffer
Kümmel

Rehschnitzel
4 Rehschnitzel (aus der Keule)
1 TL glattes Mehl
Salz
schwarzer Pfeffer aus der Mühle
10 g kalte Butter
¼ l Wildfond
1 Schuss Weißwein
Öl zum Braten

Röstzwiebeln
4 Zwiebeln
glattes Mehl mit 1 TL Paprikapulver versiebt
Öl zum Herausbacken

Nudeln
250 g dünne Bio-Bandnudeln
Salz
etwas Butter zum Schwenken

Kraut: Speck in einer Pfanne glasig anschwitzen, Spitzkraut beifügen, durchrühren und kurz mitrösten, Honig einrühren, karamellisieren lassen und mit Salz, Pfeffer sowie Kümmel würzen.
Rehschnitzel zwischen Frischhaltefolie leicht klopfen, salzen und pfeffern.
In Öl auf jeder Seite 2 bis 3 Minuten anbraten, aus der Pfanne nehmen; Bratrückstand mit Mehl stauben. Mit Wein und Suppe ablöschen und mit einem Schneebesen alle Röststoffe vom Pfannenboden lösen. Saft durch Einrühren kalter Butter binden, Rehschnitzel wieder einlegen und im Saft ziehen lassen.
Zwiebeln quer in gleichmäßige, dünne Scheiben schneiden, mit den Fingern in einzelne Ringe teilen, in Paprika-Mehl wenden und in heißem Fett knusprig rösten; mit einem Lochschöpfer herausheben und auf Küchenkrepp gut abtropfen lassen.
Die Bio-Nudeln in reichlich Salzwasser bissfest kochen, abseihen, in Butter schwenken und salzen.
Rehschnitzel mit Natursaft, Nudeln und Schmorkraut anrichten, mit Röstzwiebeln und Schnittlauch garniert servieren.

Rehsteak
mit Speckwirsing und Rotweinschalotten

ZUTATEN FÜR 6 PERSONEN

2 Rehrückenfilets
Wacholderbeeren, zerdrückt
Pfeffer aus der Mühle
100 g Rohschinken, in dünne Scheiben geschnitten
300 ml Wildfond
20 g kalte Butter

Speckwirsing
300 g Kohl
50 g Räucherspeck
100 ml Riesling
⅛ l Schlagobers
Salz, Pfeffer
1 Knoblauchzehe, zerdrückt
⅛ l Schlagobers, geschlagen

Rotweinschalotten
8 kleine Schalotten
1 EL Honig
200–250 ml Cabernet Sauvignon
Salz, Pfeffer
3 EL Preiselbeeren
frische Kräuter

Rehrücken zuputzen, in Steaks schneiden und mit Wacholderbeeren und Pfeffer würzen. Steaks mit Rohschinken umwickeln und in heißem Öl beidseitig kurz anbraten, im vorgeheizten Rohr bei 200 °C fertig garen; anschließend Fleisch aus der Pfanne nehmen und warm stellen. Bratrückstand mit Wildfond ablöschen, einige Minuten einkochen lassen, durch ein Sieb seihen und Sauce mit kalter Butter binden.
Kohl in Streifen und Speck in feine Würfel schneiden. Kohl blanchieren, in Eiswasser abschrecken und gut abtropfen lassen. Speck in einem Topf anrösten, Kohl beifügen, kurz durchrühren, mit Weißwein ablöschen, fast zur Gänze einkochen lassen, mit Schlagobers aufgießen und mit Salz, Pfeffer sowie Knoblauch würzen. Vor dem Anrichten geschlagenes Obers unterziehen.
Schalotten schälen und in Spalten schneiden, in Honig karamellisieren, mit Rotwein ablöschen und weich kochen, mit Salz, Pfeffer und Preiselbeeren abschmecken. Das Rehsteak mit Speckwirsing und Rotweinschalotten anrichten, mit frischen Kräutern bestreut servieren.

Wiener Maibock-Schnitzerl
mit Erdäpfelsalat

ZUTATEN FÜR 6 PERSONEN

6 Rehschnitzel zu je 160 g
Salz
3 Wacholderbeeren
1 TL frischer Zitronenthymian, fein gehackt
1 EL Olivenöl
Mehl zum Panieren
2 Eier
200 g Weißbrotbrösel (Tipp: Weißbrotbröselzubereitung siehe Rezept Rehschnitzel gebacken, S. 168)
Schweine- oder Butterschmalz zum Ausbacken

Salat
400 g Erdäpfel „Ditta“
Salz, Pfeffer
3 EL Essig
6 EL Öl
2 kleine, rote Zwiebeln
2 EL Rindsuppe
etwas Zucker
eine Handvoll Schnittlauch, geschnitten
schwarzer Trüffel

Die Schnitzel zwischen Frischhaltefolie mit einem Plattiereisen oder der flachen Seite des Fleischklopfers klopfen. Folie entfernen, Fleisch mäßig salzen und mit Wacholderbeeren, Zitronenthymian und Olivenöl einreiben. In Mehl, verquirlten Eiern und Bröseln panieren und in heißem Fett schwimmend goldbraun backen.
Die Pfanne immer ein wenig rütteln, damit das Schnitzel in Bewegung bleibt. So souffliert die Panier am schönsten. Beim Wenden nicht ins Fleisch stechen. Schnitzel aus der Pfanne nehmen, gut abtropfen lassen und mit Küchenkrepp sorgfältig abtupfen.
Erdäpfelsalat: Erdäpfel in Salzwasser kochen, abseihen, kurz ausdampfen lassen, schälen. Essig mit Öl, Prise Zucker zu einer Marinade rühren. Die noch warmen Erdäpfel in dünne Scheiben hineinschneiden, salzen und pfeffern. Zwiebel schälen, feinwürfelig schneiden und in Rindsuppe kurz überkochen. Unter den Salat mengen. Hinweis: Der Salat muss „schmierig“ sein. Mit Schnittlauch bestreuen und frischen schwarzen Trüffel darüberhobeln.

Carpaccio vom Hirsch
mit schwarzen Nüssen und Ingwerrahm

ZUTATEN FÜR 4 PERSONEN

300 g Hirschrücken,
ausgelöst und zugeputzt
1 EL Nussöl
Salz, Pfeffer
Spritzer Zitronensaft
2–3 eingelegte
schwarze Nüsse

Ingwerrahm
100 ml geschlagenes Obers
100 ml Sauerrahm
Salz, Pfeffer
frisch geriebener Ingwer

Das Fleisch straff in Klarsichtfolie einwickeln, im Tiefkühlfach anfrieren lassen. Folie entfernen und das Fleisch mithilfe der Aufschnittmaschine in hauchdünne Scheiben aufschneiden.
Nussöl, Salz, Pfeffer und Zitronensaft verrühren, kreisförmig auf Teller auftragen. Hirschrücken dekorativ darauf anrichten. Schwarze Nüsse darüberhobeln.
Mit Ingwerrahm servieren.
Ingwerrahm: Geschlagenes Obers mit Sauerrahm gut verrühren und mit Salz, Pfeffer sowie Ingwer würzen.

Tatar vom Hirsch
mit Schnittlauch und Preiselbeer-Sauce

ZUTATEN FÜR 6 PERSONEN

300 g Hirschrückenfilet, ausgelöst
1 EL Ketchup
1 TL Dijonsenf
10 cl Olivenöl
1 kleine Zwiebel, feinwürfelig geschnitten
1 Essiggurkerl,
feinwürfelig geschnitten
½ TL Sardellenpaste
Salz, Pfeffer
Muskatnuss
2 TL Chilisauce
1 Spritzer Worcestershiresauce
Saft einer halben Zitrone
1 Bund Schnittlauch, geschnitten

Preiselbeer-Sauce
100 g Preiselbeeren, passiert
2 cl Cognac
Salz, Pfeffer, Muskat

eventuell gekochte Wachteleier

Fleisch mit einem scharfen Messer fein hacken. Ketchup mit Senf, Olivenöl, Zwiebel, Essiggurkerl, Sardellenpaste und dem gehackten Fleisch gut vermengen. Mit Salz, Pfeffer, Muskatnuss, Chilisauce, Worcestershiresauce und Zitronensaft abschmecken.
Preiselbeer-Sauce: Alle Zutaten gut verrühren und abschmecken.
Tatar mithilfe von kleinen Ringformen dekorativ anrichten, mit Schnittlauch bestreut und eventuell mit gekochtem Wachtelei servieren.

Hirschgulasch
mit Preiselbeeren und Thymian-Nudeln

ZUTATEN FÜR 6 PERSONEN

900 g Hirschschulter
Salz
weißer Pfeffer aus der Mühle
2–3 Zwiebeln
Öl zum Anbraten
1 roter Paprika
Paprikapulver, edelsüß
½ l Wildfond
6–7 Wacholderbeeren
2 Lorbeerblätter
¼ l Schlagobers
2 EL Preiselbeeren

300 g hausgemachte Nudeln
1 nussgroßes Stück Butter
Salz
weißer Pfeffer aus der Mühle

2 Thymianzweige

Die Hirschschulter von den groben Sehnen und Häuten befreien, in gleich große Stücke schneiden und mit Salz und weißem Pfeffer aus der Mühle würzen. Die Zwiebeln schälen und in Würfel schneiden, in einem Topf das Fett erhitzen, die Zwiebeln farblos rösten; den geschnittenen Paprika beigeben und vom Feuer nehmen. Das Paprikapulver mit den Zwiebeln und dem Paprika verrühren, mit dem Fond aufgießen und wieder zustellen. Den Gulaschansatz aufkochen lassen, das Fleisch und die Gewürze beigeben. Das Gulasch etwa 2 Stunden bei kleiner Hitze kochen lassen. Das Fleisch ausstechen und den Saft mit Schlagobers und Preiselbeeren abschmecken, durch ein feines Sieb mixen und das Fleisch wieder beigeben.
Die hausgemachten Nudeln in Salzwasser 1–2 Minuten kochen, in eine Pfanne mit Butter geben und mit Salz und weißem Pfeffer aus der Mühle abschmecken. Den Thymian abrebeln, beigeben und nochmals durchschwenken.

Zartes Hirschkalb
auf Sauce Hubertus

ZUTATEN FÜR 6 PERSONEN

900 g Hirschkalbsrücken, ausgelöst
Salz, Pfeffer
Petersilie, gehackt
Wacholderbeeren, zerdrückt

Sauce Hubertus
30 g Speck, kleinwürfelig geschnitten
50 g Pilze, geputzt
⅛ l Rotwein
200 ml Wildfond
kalte Butter zum Montieren
Preiselbeeren

Polenta
70 g Kürbiswürfel
Rosmarinzweig
Thymianzweig
150 g Schlagobers
150 g Rindsuppe
150 g Maisgrieß
Butter zum Braten
Salz, Pfeffer
50 g Erbsen (eventuell tiefgekühlt)
Butter zum Schwenken
Salz, Pfeffer

Hirschkalbsrücken portionieren, mit Salz, Pfeffer, Petersilie und Wacholder würzen. In erhitztem Öl beidseitig scharf anbraten; anschließend im vorgeheizten Rohr bei 180 °C etwa 5 Minuten fertig garen, aus der Pfanne nehmen und warm stellen.

Sauce Hubertus: Pilze – je nach Größe – halbieren oder vierteln, mit Speck im Bratrückstand anrösten, mit Rotwein ablöschen und vollständig einkochen lassen; mit Wildfond aufgießen und um die Hälfte einkochen lassen; durch Einrühren kalter Butter binden und mit Preiselbeeren abschmecken.

Polenta: Kürbiswürfel mit Rosmarin und Thymian bissfest dünsten, von der Hitze nehmen und beiseite stellen. Obers und Rindsuppe aufkochen, Maisgrieß einrühren und cremig einkochen; die Kürbiswürfel unterheben und mit Salz und Pfeffer würzen. Polenta in eine (eventuell Dreiecks-)Form füllen und erkalten lassen. Anschließend aus der Form stürzen und in Scheiben schneiden. Scheiben in aufgeschäumter Butter beidseitig knusprig braten. Die Erbsen in Salzwasser kurz blanchieren, abseihen, in Butter schwenken und mit Salz sowie Pfeffer würzen.

Hirschkalbsrücken mit Sauce Hubertus, Kürbispolenta sowie Buttererbsen anrichten.

Geröstete Hirschleber
mit Erdäpfel-Majoran-Püree und gebackenem Zwiebel

ZUTATEN FÜR 6 PERSONEN

1 kg frische Leber vom Rotwild
100 g Schmalz
3 große Zwiebeln
3 EL glattes Mehl
1/16 l Rotwein
Spritzer Essig
400 ml Rindsuppe
Salz, Pfeffer
frischer Majoran, gehackt
Petersilie, gehackt

Erdäpfel-Majoran-Püree
1 kg mehlige Erdäpfel
120 g Butter
200 ml Milch
Salz, weißer Pfeffer
Muskatnuss
frischer Majoran, gehackt

Zwiebelringe
2 große Zwiebeln
100 g Mehl
Salz, Pfeffer
2 EL Paprika
Öl zum Herausbacken
Butter zum Schwenken
Salz, Pfeffer

Die Hirschleber gut waschen, putzen und in feine Streifen schneiden. Etwa 50 g Schmalz in einer Pfanne erhitzen, Hirschleber kurz rösten, aus der Pfanne nehmen. Zwiebeln schälen und in feine Streifen schneiden. Bratfett aus der Pfanne gießen, restliches Schmalz erhitzen und Zwiebeln darin hellbraun rösten, mit Mehl stauben, mit Rotwein und Essig ablöschen, aufkochen lassen und mit Rindsuppe aufgießen. Mit Salz und Pfeffer würzen, aufkochen lassen und die Leber einlegen; mit frischem Majoran und Petersilie vollenden.
Erdäpfel-Majoran-Püree: Erdäpfel schälen, klein schneiden, in Salzwasser weich kochen; abseihen, etwas ausdampfen lassen und noch heiß durch die Erdäpfelpresse drücken, mit Butter und Milch glatt rühren, mit Salz, weißem Pfeffer, Muskatnuss sowie frischem Majoran abschmecken.
Die Leber auf einen Teller schöpfen, das Erdäpfel-Majoran-Püree auf den Teller dressieren und mit den Zwiebelringen garnieren. Leber erst vor dem Anrichten salzen, damit sie nicht hart wird!

Edelgulasch vom Hirsch
mit Nockerln

ZUTATEN FÜR 6 PERSONEN

1½ kg Fleisch vom Hirschschlögel, ausgelöst
Öl
1½ kg Zwiebeln
50 g Paprikapulver
50 g glattes Mehl
2 l Wildfond
5 Wacholderbeeren
Lorbeer, Rosmarin, Thymian

Nockerln
½ kg griffiges Mehl
4 Eier
¼ l Milch
Salz, Muskat
Butter zum Schwenken

Fleisch in etwa 50 g schwere Würfel schneiden. Zwiebel schälen und in Streifen schneiden. In einem breiten Topf Öl erhitzen, Fleisch darin unter Wenden rundum anbraten, Fleisch herausnehmen. Im Bratrückstand die Zwiebeln bei geringer Hitze weich und hellbraun rösten. Paprikapulver einstreuen, kurz mitrösten, mit Mehl stauben und mit Wildfond aufgießen. Gewürze beifügen und den Gulaschansatz bei geringer Hitze etwa 20 Minuten kochen lassen. Anschließend pürieren und durch ein Sieb passieren. Fleisch in die Sauce einlegen, halb zugedeckt bei geringer Hitze etwa 50 Minuten weich kochen; abschmecken.
Nockerln: Alle Zutaten mit einem Kochlöffel rasch zu einem glatten Teig verrühren. Teig portionsweise auf ein kleines Brett geben und mit dem Rücken eines kleinen, spitzen Messers in kochendes Salzwasser schaben oder den Teig durch ein Nockerlsieb oder Nockerlhobel in das kochende Salzwasser drücken. Hinweis: Öfter umrühren, damit keine Klümpchen entstehen. Nockerln aufkochen lassen, abseihen, mit kaltem Wasser abschrecken und gut abtropfen lassen. Butter in einer Pfanne zerlassen, Nockerln beifügen und darin schwenken.
Edelgulasch mit Nockerln anrichten.

Hirschlungenbraten
mit Sellerie-Gnocchi

ZUTATEN FÜR 4 PERSONEN

600 g Hirschlungenbraten
Salz, Pfeffer
Öl zum Braten
1 Rosmarinzweig

Gnocchi
6–7 mittelgroße Erdäpfel
1–2 Dotter
etwas Öl
1–2 EL Stärkemehl
Mehl zum Ausarbeiten
Salz, Pfeffer
Muskat
2 Stangen Sellerie
¼ l Schlagobers
Zitronensaft
2–3 EL geschlagenes Obers

Hirschlungenbraten mit Salz und Pfeffer würzen. Öl in der Pfanne erhitzen und das Fleisch mit Rosmarin darin rundum kräftig anbraten. Anschließend im vorgeheizten Rohr bei 200 °C fertig braten; 15 Minuten warm rasten lassen.
Gnocchi: Erdäpfel waschen, kochen, abseihen, kurz ausdampfen lassen und schälen. Noch heiß durch die Erdäpfelpresse drücken und mit Dotter(n), Öl, Stärkemehl, Salz, Muskat rasch zu einem glatten Teig verkneten. Teig auf einer bemehlten Arbeitsfläche zu einer etwa 2 cm dicken Rolle formen und diese mit einem Messer in 1 cm breite Stücke teilen. Jedes Teigstück mit den Zinken einer Gabel etwas niederdrücken. Gnocchi in reichlich siedendes Salzwasser einlegen und bei geringer Hitze etwa 5 Minuten ziehen lassen. Hinweis: Die Gnocchi sind gar, wenn sie an die Oberfläche steigen. Abseihen und gut abtropfen lassen.
Stangensellerie entfädeln, in gleichmäßige Scheiben schneiden und in Schlagobers weich kochen. Mit Salz, Pfeffer, Muskat und Zitronensaft abschmecken. Gnocchi unter den Sellerie mengen und kurz vor dem Anrichten geschlagenes Obers unterheben.
Hirschlungenbraten in etwa 3 cm dicke Scheiben schneiden und auf Sellerie-Gnocchi anrichten.

Hirschrücken
mit Grappa-Rosinen und Selleriestroh

ZUTATEN FÜR 4 PERSONEN

800 g Hirschrückenfilet
Salz, Pfeffer
Wacholder, zerdrückt
Rosmarin, gehackt
Öl zum Braten

Grappa-Rosinen
200 g Rosinen
¼ lt. Grappa

Selleriestroh
1 mittlere Sellerieknolle
Öl
Salz

Hirschrückenfilet von Fett und Sehnen befreien, salzen, pfeffern, mit Wacholder und Rosmarin würzen, in erhitztem Öl rundum scharf anbraten, im vorgeheizten Rohr bei 220 °C etwa 12 Minuten fertig garen. Anschließend auf einen Teller legen und im ausgeschalteten Rohr bei etwa 90 °C einige Minuten rasten lassen.
Grappa-Rosinen: Die Rosinen in Grappa einweichen und gut durchziehen lassen.
Selleriestroh: Sellerie schälen und zuerst mit der Aufschneidemaschine in Scheiben und anschließend Scheiben in feine Streifen schneiden; in erhitztem Öl unter Wenden knusprig ausbacken, auf Küchenkrepp gut abtropfen lassen und sofort salzen.
Hirschrücken mit den Grappa-Rosinen anrichten und mit Selleriestroh bestreut servieren.

Hirschrückenfilet
mit Knödel-Chips

ZUTATEN FÜR 4 PERSONEN

600 g Hirschrückenfilet
Salz, Pfeffer
Bratfett
20 ml Weinbrand
Wildsauce oder Rindsuppe
1 Lorbeerblatt
4 Wacholderbeeren
2 nussgroße Stück kalte Butter

Knödel-Chips
2 Eier
Salz
Muskatnuss
1 EL Butter
12 Scheiben Toastbrot

Hirschrückenfilet von Fett und Sehnen befreien, salzen, pfeffern, mit Wacholder und Rosmarin würzen, in erhitztem Öl rundum scharf anbraten, im vorgeheizten Rohr bei 220 °C etwa 12 Minuten fertig garen. Bratrückstand mit Weinbrand und Wildsauce bzw. Rindsuppe ablöschen, Lorbeerblatt und Wacholderbeeren beigeben und einige Minuten einkochen lassen. Durch Einrühren eiskalter Butter zu einer sämigen Sauce binden.
Knödel-Chips: Eier trennen, Eiklar mit Prise Salz und Muskat zu steifem Schnee schlagen. Toastbrotscheiben entrinden, kleinwürfelig schneiden und mit den Dottern unter den Schnee rühren. In einer flachen Pfanne Butter erhitzen. Aus der Masse mit einem Esslöffel Portionen einlegen (1½ cm Durchmesser). Beidseitig knusprig braten. Anschließend mit einem runden Ausstecher Chips ausstechen.
Hirschrückenfilet in Scheiben schneiden und mit Knödel-Chips sowie Sauce auf vorgewärmten Tellern anrichten.

Hirschrückensteak
auf geschmortem Marillen-Rotkraut

ZUTATEN FÜR 6 PERSONEN

Ca. 1½ kg Hirschrücken
Salz
weißer Pfeffer aus der Mühle
Öl
Butter
Wacholderbeeren
Lorbeerblatt
Thymianzweig
¼ l Rotwein
¼ l Wildfond
etwas Mehl zum Stauben
1–2 Butterflocken

Marillen-Rotkraut
1 Rotkrautkopf
Öl
2 Schalotten
Koriander
Salz
Honig
8–10 Marillen
¼ l Rotwein

Den Hirschrücken von den Sehnen befreien; mit Salz und weißem Pfeffer würzen; in einer Pfanne mit heißem Öl und Butter von allen Seiten anbraten; den Thymianzweig und die Wacholderbeeren mit dem Lorbeerblatt in die Pfanne geben und diese ca. 10–15 Minuten ins vorgewärmte Rohr (180 °C) stellen. Das Fleisch aus der Pfanne nehmen; in Folie einpacken und an einen warmen Ort zum Rasten geben. Den in der Pfanne verbliebenen Bratrückstand leicht stauben, mit Rotwein ablöschen und mit Wildfond auffüllen. Alles zur Hälfte einreduzieren lassen und mit Butterflocken montieren.
Marillen-Rotkraut: Das Rotkraut in grobe Streifen schneiden (etwa 1 cm breit); in einem Topf Öl erhitzen, Schalotten, fein geschnitten, beigeben, das Rotkraut zugeben, mit Salz und Koriander würzen und 3–4 Minuten abgedeckt dünsten lassen. Den Honig und die Marillen beifügen (nach Geschmack); mit Rotwein ablöschen. Weitere 2–3 Minuten leicht dahinkochen lassen.

Gekochter Hirschschlögel
mit Erdäpfelstrudel

ZUTATEN FÜR 6 PERSONEN

2 kg Wurzelgemüse (Karotten, Sellerie, Gelbe Rüben, Lauch)
Petersilstängel
Wacholderbeeren
Lorbeerblätter
Pfefferkörner
2 kg Hirschschlögel

Erdäpfelstrudel
1½ kg Erdäpfel, gekocht
Öl
2 Zwiebeln
Kümmel
Salz, Pfeffer
4 Strudelteigblätter
1 Ei

Wurzelgemüse waschen, schälen und für weitere Verarbeitung beiseite stellen. In einem großen Topf Wasser mit den Wurzelgemüseschalen und Gewürzen zum Kochen bringen und den Schlögel einlegen. Aufkochen lassen und bei geringer Hitze etwa 2 Stunden garen. Aufsteigenden Schaum immer wieder abschöpfen. Suppe durch ein engmaschiges Sieb abseihen und abschmecken.
Erdäpfelstrudel: Gekochte Erdäpfel in Scheiben schneiden und in Öl anrösten. Zwiebeln schälen, kleinwürfelig schneiden, beifügen und mitrösten. Mit Kümmel, Salz und Pfeffer abschmecken; von der Hitze nehmen und auskühlen lassen.
Ein Strudelblatt auf ein befeuchtetes Tuch legen, mit flüssiger Butter bestreichen, zweites Strudelblatt darauflegen und ebenfalls mit Butter bestreichen. Halbe Menge der Füllung im unteren Drittel auftragen, Enden einschlagen und Strudel mithilfe des Tuches eng einrollen. Auf ein mit Backtrennpapier ausgelegtes Blech geben, mit verquirltem Ei bestreichen. Zweiten Strudel auf die gleiche Weise zubereiten. Strudel im vorgeheizten Rohr bei 200 °C etwa 15–20 Minuten goldbraun backen.
Wurzelgemüse in Stifte schneiden und in der Suppe bissfest dünsten. Hirschschlögel in Scheiben schneiden und mit Strudel und Wurzelgemüse anrichten.
Sehr gut schmecken auch Kohlsprossen dazu. Rezept siehe Wachtel im Kohlsprossennest (siehe Seite 62).

Tipp:
Hirschschlögel mit lauwarmem Wasser gut abwaschen, bevor man ihn in die Suppe einlegt, da sie sonst trüb wird. Damit der Hirschschlögel weich wird, die Suppe nicht sofort salzen, sondern erst beim Weiterverarbeiten mit beliebiger Einlage.

Rosa gebratener Hirschrücken
auf Trüffel-Polenta und Roten Rüben

ZUTATEN FÜR 6 PERSONEN

ca. 1½ kg Hirschrücken, ausgelöst und zugeputzt
Salz
weißer Pfeffer aus der Mühle
Öl
15 g Butter
Thymianzweig
Wacholderbeeren
Lorbeerblatt
glattes Mehl zum Stauben
⅛ l Rotwein
⅛ l Wildfond
1–2 Butterflocken

Polenta
½ l Milch
200 g Maisgrieß
Salz, Pfeffer
60 g Butter
Schwarze Trüffeln, gehackt
Trüffelöl

2 Rote Rüben
Kümmel, ganz
Salz, Pfeffer
1 EL Stärkemehl
10 g kalte Butter

Thymian zum Garnieren

Hirschrücken salzen und pfeffern. Öl mit Butter in einer Pfanne erhitzen, Fleisch darin rundum anbraten, mit Thymianzweig, Wacholder sowie Lorbeerblatt im vorgeheizten Rohr bei 180 °C etwa 10–15 Minuten rosa braten. Das Fleisch aus der Pfanne nehmen, in Folie einwickeln und an einem warmen Ort rasten lassen. Bratrückstand mit Mehl stauben, mit Rotwein ablöschen, mit Wildfond auffüllen und bei mittlerer Hitze auf die Hälfte einkochen. Sauce durch Einrühren kalter Butter binden.

Polenta: Milch aufkochen, Maisgrieß einrühren und einige Minuten bei geringer Hitze unter Rühren cremig einkochen. Mit Salz und Pfeffer würzen. Butter, Trüffeln und Spritzer Trüffelöl einrühren.

Rote Rüben in mit Kümmel versetztem Salzwasser weich kochen, abseihen und schälen. Eine Rübe in grobe Stücke schneiden, mit wenig Wasser fein pürieren und durch ein Haarsieb streichen. Den gewonnenen Saft aufkochen, abschmecken. Stärkemehl in kaltem Wasser glatt rühren und die Sauce damit binden. Die zweite Rübe in feine Würfel schneiden und in die Sauce rühren. Einmal aufkochen lassen und mit kalter Butter verfeinern.

Die Rote-Rüben-Sauce auf den Teller geben. Hirschrücken in Scheiben schneiden, mit Sauce sowie Trüffel-Polenta anrichten. Mit frischem Thymian ausgarnieren.

Medaillons vom Hirschkalb
mit Schupfnudeln und Fisolen

ZUTATEN FÜR 6 PERSONEN

900 g Hirschrücken
Salz, Pfeffer
Butter zum Anbraten

Schupfnudeln
6–7 mittelgroße Erdäpfel
1–2 Dotter
etwas flüssige Butter
1–2 EL Stärkemehl
Salz, Pfeffer
Muskatnuss

Fisolen
240 g Fisolen
Salz
1 Packung Backpulver
Butter zum Schwenken

Kräuterkruste
100 g Butter
ca. 70 g Semmelbrösel
Salz, Pfeffer, Muskat
frische Kräuter (Petersilie, Schnittlauch, Pimpinelle)

Schupfnudeln: Erdäpfel kochen oder dämpfen, schälen und noch heiß durch eine Erdäpfelpresse drücken. Dotter, Butter und Stärkemehl dazumengen. Mit Salz, Pfeffer und Muskatnuss würzen und rasch zu einem glatten Erdäpfelteig verarbeiten. Teig auf einer bemehlten Arbeitsfläche zu einer fingerdicken Rolle formen, mit einer bemehlten Teigkarte in etwa 2 cm lange Stücke teilen und diese mit der Hand zu Nudeln „wuzeln". Nudeln in kochendes Salzwasser einlegen und bei geringer Hitze etwa 3 Minuten kochen lassen.
Hinweis: Die Nudeln sind gar, wenn sie an die Oberfläche steigen. Mit einem Lochschöpfer vorsichtig aus dem Wasser heben und gut abtropfen lassen.
Fisolen: Die Fisolen putzen, waschen, in feine Ringe schneiden und in mit Backpulver versetztem Wasser blanchieren. Abseihen und gut abtropfen lassen. Butter in einer Pfanne aufschäumen, Fisolen darin kurz schwenken, salzen und pfeffern.
Kräuterkruste: Butter zerlassen, Brösel einrühren, bis eine kompakte Masse entsteht, und mit Salz, Pfeffer sowie Muskat würzen. Kräuter hinzufügen und alles gut vermengen.
Das Fleisch salzen, pfeffern und in aufgeschäumter Butter rundum anbraten.
Im vorgeheizten Rohr bei 160 °C etwa 6 Minuten garen. Das Fleisch wenden und weitere 4 Minuten garen. Im ausgeschalteten Rohr noch 8 Minuten rasten lassen.
Fleisch mit Kräuterkruste belegen und bei starker Oberhitze gratinieren.
Mit Schupfnudeln und Fisolen anrichten.

Krautroulade vom Wildschwein
mit Salzerdäpfeln

ZUTATEN FÜR 4 PERSONEN

2 Scheiben Toastbrot
800 g faschiertes Wildschweinfleisch
1 Ei
100 g Schlagobers
Salz, Pfeffer
Wacholder, gehackt
1 Kopf Sarmakraut (sauer eingelegte Krautblätter)
¼ l Suppe
3 EL kalte Butter

Toastbrot in Wasser einweichen, gut ausdrücken und mit Faschiertem, Ei, Schlagobers gut vermengen; mit Salz, Pfeffer sowie Wacholder würzen. Sarmakraut in einzelne Blätter teilen; die harten Blattrippen entfernen. Krautblätter zu acht Quadraten (10 x 10 cm) auflegen, Faschiertes in 8 Portionen teilen, Krautblätter mit dem Faschierten belegen, Seitenlängen einschlagen und Kraut eng einrollen. Mit der Verschlussseite nach unten in einen flachen Topf geben, mit Suppe untergießen und im vorgeheizten Rohr bei 200 °C etwa 20 Minuten dünsten. Rouladen aus dem Topf nehmen und warm stellen. Bratensaft aufkochen, durch Einrühren kalter Butter binden und abschmecken.

Wildschweinrollbraten
mit Grammelknödeln und Rotkraut

ZUTATEN FÜR 6 PERSONEN

1 Wildschweinrollbraten (etwa 1½ kg), unbedingt beim Jäger oder im Wildfachhandel vorbestellen
Salz, Pfeffer
Wacholder, gehackt
Öl zum Braten
1 kg Zwiebeln, geschält, grob geschnitten
½ l Rotwein
½ l Suppe

Rotkraut
1 kleiner Kopf Rotkraut
3 EL Zucker
½ l Rotwein
½ l Apfelsaft
½ Zimtstange
4 Nelken
1 Lorbeerblatt
Dirndlmarmelade
etwas Butter

Erdäpfelteig
400 g mehlige geschälte Erdäpfel
Salz
80 g flüssige Butter
200 g Erdäpfelstärke
4 Dotter

Grammelfülle
200 g Grammeln
2 Schalotten
2 Knoblauchzehen, gehackt
1–2 EL Petersilie, gehackt

Wildschweinrollbraten mit Salz, Pfeffer sowie Wacholder würzen und in einer Bratwanne in erhitztem Öl rundum anbraten, die Zwiebel beifügen und den Rollbraten im vorgeheizten Rohr bei 200 °C etwa 30 Minuten braten. Mit Rotwein ablöschen und bei gleicher Temperatur braten, bis der Rotwein fast vollständig eingekocht ist; anschließend mit Suppe aufgießen und noch 1 weitere Stunde schmoren, bis das Fleisch weich ist. Fleisch aus der Bratwanne nehmen und warm halten. Schmorsaft mixen und abschmecken. Hinweis: Falls der Saft zu dick sein sollte, mit etwas Suppe oder Wasser verdünnen.
Rotkraut: Rotkraut in einzelne Blätter teilen, harte Blattrippen entfernen und Kraut in feine Streifen schneiden. In einem breiten Topf etwas Öl erhitzen, Zucker darin karamellisieren, Rotkraut darin kurz anschwitzen, mit Wein und Apfelsaft ablöschen und die Gewürze beifügen. Kraut bei geringer Hitze weich dünsten und mit Salz, Pfeffer sowie Dirndlmarmelade abschmecken; durch Einrühren von kalter Butter binden.

Grammelknödeln: Erdäpfel schälen, in Salzwasser weich kochen, abseihen, ausdampfen und durch die Erdäpfelpresse drücken oder durch ein Sieb passieren. Mit den restlichen Zutaten zu einem glatten Teig verarbeiten, in Frischhaltefolie wickeln und rasten lassen. Inzwischen Grammeln grob hacken, mit Schalotten sowie Knoblauch in wenig Öl kurz anrösten, Petersilie unterrühren, abschmecken und kalt stellen. Aus der Masse 12 kleine Kugeln formen und etwa 30 Minuten kalt stellen (oder etwa 10 Minuten ins Tiefkühlfach).
Den Erdäpfelteig auf einer mit Mehl bestreuten Arbeitsfläche zu einer Rolle formen und diese dann in 12 Stücke teilen. Teigstücke mit den Händen flach drücken, jedes Teigstück mit einer Grammelkugel belegen und zu Knödeln formen. Die Knödel in kochendes Salzwasser einlegen und bei geringer Hitze etwa 10 Minuten kochen lassen.
In einer Pfanne Butter schmelzen, Semmelbrösel darin hell rösten. Knödel aus dem Wasser heben, gut abtropfen lassen und in Butterbröseln wenden.

Geschmorter Wildschweinschlögel
mit Rote-Linsen-Specksauce

ZUTATEN FÜR 8-10 PERSONEN

1 Wildschweinschlögel, ausgelöst
Salz, Pfeffer
Wacholderbeeren, gehackt
Öl
2 Zwiebeln
4 Karotten
3 Petersilwurzeln
1 Lorbeerblatt
2 Thymianzweige
2 EL Sherry
1 EL Honig

Rote-Linsen-Specksauce
100 g geräucherter Speck, kleinwürfelig geschnitten
3 Schalotten, gehackt
1 Knoblauchzehe, zerdrückt
4 cl Balsamico-Essig
¼ l Gemüsefond
¼ l Schlagobers
Salz, Pfeffer
20 g kalte Butter
90 g rote Linsen, blanchiert
Petersilie, gehackt

Petersilkraut
2 Weißkrautköpfe
4 Petersilwurzeln
2 EL Olivenöl
Weißweinessig
Salz, Pfeffer, Kümmel
etwas Rindsuppe
50 g Petersilie, gehackt
2 Knoblauchzehen, gehackt
1–2 EL Petersilie, gehackt

Den Wildschweinschlögel mit Salz, Pfeffer und Wacholderbeeren einreiben. In einer Bratwanne etwas Öl erhitzen und den Schlögel von beiden Seiten scharf anbraten, im vorgeheizten Rohr bei 220 °C etwa 30 Minuten braten. Inzwischen Zwiebeln, Karotten und Petersilwurzeln schälen und in grobe Stücke schneiden. Gemüse und Gewürze zum Schlögel geben und die Backrohrtemperatur auf 180 °C reduzieren. Den Wildschweinbraten unter mehrmaligem Begießen mit dem austretenden Saft etwa 1 Stunde fertig garen. Hinweis: Falls notwendig, mit etwas Wasser übergießen. Den Wildschweinschlögel herausnehmen und etwa 10 Minuten warm stellen. Das Backrohr auf 250 °C erhitzen. Den Bratensaft entfetten, mit etwas Wasser ablöschen und kräftig einkochen lassen. Durch ein Sieb gießen und mit Sherry abschmecken. Den Schlögel mit Honig bestreichen und im heißen Backrohr einige Minuten glasieren. Mit frisch gemahlenem Pfeffer bestreuen.

Rote-Linsen-Specksauce: Räucherspeck, Schalotten und Knoblauch in erhitztem Fett glasig anschwitzen, mit Balsamico-Essig ablöschen und einkochen lassen. Gemüsefond und Obers zugießen, mit Salz und Pfeffer würzen, nochmals um die Hälfte einkochen lassen. Durch Einrühren kalter Butter binden, abgetropfte Linsen sowie Petersilie vor dem Servieren unterrühren.
Petersilkraut: Von den Krautköpfen Strunk entfernen und Kraut in feine Streifen hobeln. Petersilwurzeln schälen und in Stücke schneiden. Olivenöl erhitzen und die Petersilwurzeln gemeinsam mit dem Kraut glasig anschwitzen. Mit Weißweinessig ablöschen, mit Salz, Pfeffer und Kümmel würzen. Rindsuppe zugeben und weich dünsten. Gehackte Petersilie unterheben.
Den Wildschweinschlögel in Scheiben schneiden, mit Linsen-Specksauce und Petersilkraut anrichten.

Geschnetzeltes vom Wildschwein
in Paprika-Rahm und Kräuternockerln

ZUTATEN FÜR 6 PERSONEN

Geschnetzeltes
1 kg Wildschweinschulter
3 Zwiebeln
6 rote Paprika
Öl
4 Knoblauchzehen
6 EL Paprikapulver
½ l brauner Fond oder Rindsuppe
Salz, Pfeffer
Majoran
250 g Sauerrahm
3 EL Mehl

Kräuternockerln
600 g griffiges Mehl
4 ganze Eier
2 Eidotter
¼ l Milch
50 g flüssige Butter
Salz, Pfeffer, Muskatnuss
Estragon, Majoran, Rosmarin
Thymian, Petersilie

Die Wildschweinschulter zuputzen und mundgerecht portionieren. Zwiebeln und Paprika ebenfalls klein schneiden. In einem Topf Zwiebeln goldbraun anschwitzen, die Paprikastücke und den Knoblauch dazugeben und weiterrösten. Danach mit Paprikapulver stauben, kurz weiterrösten und gleich darauf mit braunem Fond aufgießen. Sobald der Paprika weich ist, den ganzen Inhalt des Topfes fein pürieren. Die Wildschweinschulter beigeben und ca. eine ¾ Stunde fertig garen lassen. Mit Salz, Pfeffer und frischem Majoran abschmecken. Zuletzt den Sauerrahm mit Mehl glatt rühren und das Gericht vollenden – der Rahm darf nicht mehr aufkochen, sonst flockt er aus! Für den Nockerlteig alle Zutaten – außer Kräuter – glatt rühren und in Salzwasser kochen, bis die Nockerln an die Oberfläche steigen. Abschöpfen und mit den verschiedenen Kräutern in Butter schwenken.

Tipp:
Durch eine Prise Backpulver bewahren die Kräuter ihre Farbe.
Im tiefen Teller servieren.

Krautfleisch von der Wildsau
mit Petersilerdäpfel

ZUTATEN FÜR 6 PERSONEN

5 Zwiebeln
2 Knoblauchzehen
6 EL Öl
2 rote Paprikaschoten
2 Pfefferoni
4 EL Paprikapulver
½ l Rindsuppe
Salz, Pfeffer, Muskatnuss
600 g Wildschweinschulter, ausgelöst, kleinwürfelig geschnitten
¼ kg Sauerkraut
3 Lorbeerblätter

Petersilerdäpfel
12 festkochende Erdäpfel
Salz
20 g Butter
4 EL Petersilie, gehackt
1 EL Sauerrahm
Schnittlauch, geschnitten

Zwiebeln und Knoblauch schälen, grob hacken und in erhitztem Öl braun dünsten. Paprika und Pfefferoni putzen, fein schneiden und kurz mitrösten, Paprikapulver einrühren, kurz mitrösten, mit Suppe ablöschen, mit Salz, Pfeffer sowie Muskat würzen und Ansatz bei geringer Hitze etwa 20 Minuten kochen lassen. Anschließend pürieren und das Wildschweinfleisch beifügen, bei geringer Hitze etwa 40 Minuten dünsten. Sauerkraut – eventuell wässern – mit Lorbeerblättern untermengen und bei geringer Hitze Fleisch sowie Kraut weich dünsten. Eventuell das Krautfleisch mit Sauerrahm-Mehl-Gmachtl (= Sauerrahm mit glattem Mehl glatt gerührt) mollig binden.
Petersilerdäpfel: Erdäpfel schälen, in Salzwasser kochen, abseihen, je nach Größe vierteln oder halbieren; in brauner Butter mit Salz und Petersilie schwenken.
Das Krautfleisch mit Petersilerdäpfeln anrichten und eventuell mit einem Löffel Sauerrahm sowie Schnittlauch bestreut servieren.

Tipp:
Qualitativ hochwertiges Sauerkraut verwenden (lange, dünne Streifen). Paprika nicht zu lange rösten, sonst wird er bitter.

Medaillons vom Wildschwein-Lungenbraten
auf Knödel-Pilz-Gröstl

ZUTATEN FÜR 4 PERSONEN

360 g Wildschwein-Lungenbraten, zugeputzt
Salz, Pfeffer
Wacholderbeeren, zerdrückt
Öl zum Braten
etwa ⅛ l Wildfond
eventuell 1 EL kalte Butter

Gröstl
1 kleine Zwiebel
150 g Morcheln, geputzt
2 Stk. Junglauch
Öl
Butter
200 g Serviettenknödel
2 Eier
Salz, Pfeffer
Petersilie, gehackt
Estragon, Majoran, Rosmarin
Thymian, Petersilie

Den Lungenbraten in dünne Scheiben schneiden. Mit Salz, Pfeffer und Wacholderbeeren würzen; in heißem Öl scharf anbraten und anschließend im vorgeheizten Rohr bei 180 °C etwa 3 Minuten fertig garen. Aus der Pfanne nehmen und warm stellen. Den Bratrückstand mit Wildfond ablöschen, durch ein Sieb passieren, einkochen lassen und eventuell durch Einrühren kalter Butter binden.
Gröstl: Zwiebel schälen, in feine Würfel, die Morcheln und den Junglauch in Ringe schneiden. In einer Pfanne Öl mit etwas Butter erhitzen und alles anrösten. Knödel grobwürfelig schneiden, beifügen und mitrösten. Verquirlte Eier darübergießen und stocken lassen. Gröstl mit Salz, Pfeffer und gehackter Petersilie abschmecken und mit Medaillons anrichten.

Wildschweinbrat'l
mit geschmortem Weißkraut und Erdäpfelnudeln

ZUTATEN FÜR 6 PERSONEN

1 kg Wildschweinrücken oder -schopf
Wacholderbeeren und Lorbeerblätter
Salz, Kümmel und Thymian
4–5 Knoblauchzehen

1 Weißkrautkopf
etwas Öl
1–2 Zwiebeln oder Schalotten
Salz
weißer Pfeffer aus der Mühle
Kümmel
etwas Essig
6–7 EL Honig
100–150 g Bauchspeck

Erdäpfelnudeln
6–7 mittelgroße Erdäpfel
1–2 Eidotter
etwas Öl
Salz & Muskat
1–2 EL Stärkemehl

Das Wildschwein mit den genannten Zutaten würzen und bei 250 °C ins vorgeheizte Backrohr geben, nach 15 Minuten die Temperatur auf 180 °C reduzieren und mit Wasser leicht übergießen. Den Wildschweinbraten alle 30 Minuten mit dem Bratensaft übergießen und wenn nötig noch Wasser beigeben. Bratzeit etwa 2 Stunden.
Das Weißkraut mit dem Krauthobel schneiden und einsalzen. In einem Topf Öl erhitzen und die fein geschnittenen Zwiebeln glasig anschwitzen, den Honig beigeben und leicht karamellisieren. Das Kraut dazugeben und mit den restlichen Zutaten würzen, mit Wasser leicht übergießen und zugedeckt etwa 10 Minuten schmoren. Speck in kleine Würfel schneiden, in einer Pfanne auslassen und in das fertige Kraut geben.
Erdäpfel waschen, kochen, schälen und im warmen Zustand durch eine Erdäpfelpresse drücken. Mit Eidotter, Öl, Salz, Muskat und Stärkemehl zu einem glatten Teig verkneten. Nudeln formen und in Salzwasser kurz vor dem Anrichten kochen.

Wildschweinbraten
mit Grammelknöderln

ZUTATEN FÜR 4 PERSONEN

600 g Wildschweinrücken, ausgelöst
Salz, Pfeffer
2 EL Kümmel, ganz
2 Rosmarinzweige, gehackt
Öl zum Anbraten
2 Knoblauchzehen, gepresst
2 Zwiebeln, geschält und in Spalten geschnitten
2 EL Schmalz
Suppe zum Untergießen
1 Schuss Weißwein

Fülle
200 g Wildschwein-Grammeln
1 Bund Petersilie
1 Zwiebel, kleinwürfelig geschnitten
Öl zum Braten
1 Knoblauchzehe, zerdrückt
Koriander, gemahlen
Salz, Pfeffer
Majoran, Liebstöckel, gehackt

Erdäpfelteig
1 kg mehlige Erdäpfel
300 g Erdäpfelmehl
Muskatnuss
1 Ei, Salz, Öl

Kraut
1 Spitzkrautkopf
50 g Speck
50 g Honig
Salz, Pfeffer

Den Wildschweinrücken mit Salz und Pfeffer würzen. Dann mit Kümmel, Knoblauch und gehacktem Rosmarin rundum einreiben. 1 EL Schmalz erhitzen und den Wildschweinrücken darin scharf anbraten. Anschließend in eine mit restlichem Schmalz befettete Bratwanne legen. Zwiebeln rundum verteilen. Mit Weißwein untergießen und das Fleisch im vorgeheizten Rohr bei 200 °C etwa 15 Minuten fertig garen. Hinweis: Öfter mit Suppe untergießen. Fleisch aus der Bratwanne nehmen, warm stellen. Bratrückstand durch ein Sieb seihen, aufkochen lassen und eventuell durch Einrühren kalter Butter binden.
Wildschweinrücken in Scheiben schneiden, mit Kraut sowie Knödeln anrichten, mit Bratensaft servieren. Eventuell mit knusprigen Speckwürfeln garnieren.
Grammelknöderln: Erdäpfelteig: Erdäpfel schälen, klein schneiden und in Salzwasser kochen, abseihen und im vorgeheizten Rohr bei 100 °C etwa 5 Minuten ausdampfen lassen. Die warmen Erdäpfel durch die Erdäpfelpresse drücken und mit den restlichen Zutaten rasch zu einem kompakten Teig verkneten.

Fülle: Grammeln und Petersilie fein hacken. Die Zwiebel in erhitztem Öl anschwitzen, Grammeln und Knoblauch beifügen, kurz mitrösten, von der Hitze nehmen, Petersilie unterrühren, salzen, pfeffern und mit Kräutern abschmecken. Masse auskühlen lassen. Aus der Masse kleine Kugeln formen und etwa 30 Minuten kalt stellen (oder etwa 10 Minuten ins Tiefkühlfach).
Den Teig auf einer bemehlten Arbeitsfläche zu einer Rolle formen und diese dann in Stücke teilen. Teigstücke mit den Händen flach drücken, jedes Teigstück mit einer Kugel belegen und zu Knödeln formen. Die Knödel in kochendes Salzwasser einlegen und bei geringer Hitze etwa 7 Minuten leicht kochen lassen. Abseihen und gut abtropfen lassen.
Kraut: Kraut putzen, Strunk entfernen und das Kraut in kleine Würfel schneiden. Speck kleinwürfelig schneiden, in einer Pfanne glasig anrösten, Kraut beifügen, kurz durchrühren, Honig einrühren und karamellisieren lassen. Mit Salz, Pfeffer und Kümmel würzen und bei geringer Hitze fertig garen.

Wildschweinkoteletts
mit Grießpalatschinken und Wacholdercreme

ZUTATEN FÜR 4 PERSONEN

720 g Wildschweinrücken mit Knochen
Salz, Pfeffer
Öl
Wacholderbeeren, zerdrückt
Gin
200 ml Wildfond
1–2 EL kalte Butter
3 Esslöffel geschlagenes Obers

Grießpalatschinken
¼ l Milch
2 Eier
1 Prise Salz
140 g Mehl
Öl

Fülle
¼ l Milch
100 g Grieß
Salz, Pfeffer
Parmesan
40 g Butter
1 Dotter
Olivenöl

Den Wildschweinrücken in Koteletts schneiden, mit Salz und Pfeffer würzen, in heißem Öl von beiden Seiten scharf anbraten und zerdrückte Wacholderbeeren beigeben. Im vorgeheizten Rohr bei 180 °C etwa 3 Minuten fertig garen. Aus der Pfanne nehmen und warm stellen. Den Bratrückstand mit etwas Gin ablöschen, vollständig einkochen lassen und mit Wildfond auffüllen; anschließend durch ein Sieb passieren, einkochen lassen und eventuell durch Einrühren kalter Butter binden. Vor dem Anrichten geschlagenes Obers unterziehen.

Grießpalatschinken: Teig: Milch mit Eiern gut verrühren, Mehl nach und nach unterrühren, Salz beifügen und – am besten mit dem Stabmixer – zu einem glatten Teig verarbeiten. Palatschinkenteig etwa 30 Minuten rasten lassen. Aus dem Teig in heißem Fett 10 dünne Palatschinken backen. Hinweis: Die Palatschinken bis zum Füllen warm stellen.

Grießfülle: Milch aufkochen, den Grieß einrühren und bei geringer Hitze unter Rühren dickcremig einkochen. Mit Salz und Pfeffer würzen. Parmesan, Butter, Dotter und Olivenöl einrühren. Palatschinken mit Fülle bestreichen, einrollen und jeweils in 4 Stücke schneiden. In einer Pfanne Olivenöl erhitzen, die Grießpalatschinken auf den Schnittflächen anbraten, anschließend im vorgeheizten Rohr bei 180 °C 5 Minuten knusprig fertig backen.

Wildschweinrücken
auf „Bloody Mary“-Sauce und Stangensellerie

ZUTATEN FÜR 4 PERSONEN

600 g Wildschweinrücken, ausgelöst und zugeputzt
Salz, Pfeffer
Öl zum Braten

Sauce
etwa 600 g Fleischparadeiser
1 große Zwiebel, geschält
2 Knoblauchzehen, gepresst
Olivenöl
Selleriesalz, Pfeffer
Worcestersauce
Wodka nach Geschmack

4 Stangen Sellerie, geschält und in 5–6 cm lange Stifte geschnitten
1–2 EL Butter

Den Wildschweinrücken in einer Pfanne in wenig heißem Fett rundum scharf anbraten, anschließend im vorgeheizten Rohr bei 220 °C etwa 4–5 Minuten garen. Das Fleisch aus der Pfanne nehmen, auf einen Teller legen und im ausgeschalteten Rohr (etwa 90 °C) warm halten.
„Bloody Mary“-Sauce: Paradeiser und Zwiebel in kleine Würfel schneiden und mit Knoblauch in Olivenöl anbraten, mit Selleriesalz und Pfeffer würzen, einige Minuten garen lassen; durch ein Sieb passieren. Mit einigen Spritzern Worcestersauce und Wodka (nach Geschmack) pikant abschmecken. Hinweis: Die Sauce darf dann nicht mehr kochen!
Selleriestifte in Butter etwa 3 Minuten bissfest dünsten.
Wildschweinrücken in Scheiben schneiden und mit „Bloody Mary“-Sauce sowie Selleriestiften anrichten.
Dazu passen im Backrohr knusprig gebackene Erdäpfelscheiben (etwa 7 mm dick) und Preiselbeerkompott (siehe Seite 298).

Wildschweinbraten
mit Kraut

ZUTATEN FÜR 6 PERSONEN

2 Wildschweinrücken, ausgelöst
Salz, weißer Pfeffer
30 ml Olivenöl
je 100 g Stangensellerie und Karotten, geputzt
2 Zwiebeln, geschält
60 g geräucherter Bauchspeck
1/16 l trockener Rotwein
10 Wacholderbeeren, zerdrückt
½ Lorbeerblatt
100 ml Schlagobers
100 ml Rindsuppe
300 g Jungzwiebeln
80 ml Madeira
30 g Butter

Kraut
1 großer Weißkrautkopf
2 Schalotten, würfelig geschnitten
100 g Bauchspeck, würfelig geschnitten
50 g Butterschmalz
300 ml Rindsuppe
etwas Weißwein
Kümmel
frischer Majoran, gehackt
1 Knoblauchzehe, gepresst
Salz, Pfeffer, Muskatnuss

Fleisch zuputzen (Abschnitte für die weitere Verarbeitung beiseite geben). Fleisch salzen, pfeffern, in heißem Olivenöl rundum anbraten; dann mit den Fleischabschnitten im vorgeheizten Rohr bei 180 °C 12 Minuten braten. Aus der Pfanne nehmen und an einem warmen Ort rasten lassen. Stangensellerie, Karotten, Zwiebeln sowie halbe Menge Speck in Scheiben schneiden, im Bratrückstand anrösten, mit Rotwein ablöschen, Wacholderbeeren und Lorbeerblatt dazugeben und vollständig einkochen lassen. Mit Obers und Suppe auffüllen und so lange kochen lassen, bis die Sauce eine cremige Konsistenz hat. Zum Schluss den ausgetretenen Fleischsaft dazugeben; Sauce abseihen. Jungzwiebeln waschen, putzen und auf 3 cm Länge kürzen; äußere Schale entfernen. Restlichen Speck kleinwürfelig schneiden, mit Jungzwiebeln anschwitzen, mit Madeira ablöschen, mit Sauce aufgießen, salzen, pfeffern und bei geringer Hitze 10 Minuten ziehen lassen, durch Einrühren kalter Butter binden. Kraut: Vom Kraut Strunk und äußere Blätter entfernen, in feine Streifen schneiden. Schalotten- und Speckwürfel in heißem Butterschmalz anbraten, Kraut beifügen und kurz anschwitzen, mit Wein und Suppe aufgießen, Kümmel, Knoblauch und Majoran beigeben, bei geringer Hitze 10 Minuten zugedeckt weich dünsten, mit Salz, Pfeffer und Muskat abschmecken. Fleisch im vorgeheizten Rohr bei 180 °C noch 4–5 Minuten erhitzen, aufschneiden, mit Sauce und Kraut anrichten.

Tournedos vom Wildschwein
mit Safranbutter und Kohl

ZUTATEN FÜR 6 PERSONEN

900 g Wildschweinrücken
Salz, Pfeffer
Butter zum Anbraten

Kohl
12 Kohlblätter
Butter zum Anbraten
Salz, Pfeffer
Muskat

Safranbutter
5 EL Rindsuppe
4 Safranfäden
100 g weiche Butter
Salz, Pfeffer
Prise Kurkuma
100 g Parmesan, gerieben

1 Platte Blätterteig

Den Wildschweinrücken zuputzen und mit Salz und Pfeffer würzen; in erhitzter Butter anbraten. Anschließend im vorgeheizten Rohr bei 160 °C etwa 8 Minuten garen. Fleisch wenden und weitere 4 Minuten braten. Im ausgeschalteten Rohr (70 °C) rasten lassen.
Safranbutter: Rindsuppe erwärmen, Safran darin einige Minuten ziehen lassen. Anschließend zur Butter mengen und mit Salz, Pfeffer sowie Kurkuma würzen und mit Parmesan binden.
Kohl: Die harten Blattrippen von den Kohlblättern entfernen, Kohlblätter in Salzwasser etwa 10 Sekunden blanchieren. Aus dem Wasser heben, kalt abschrecken, gut abtropfen lassen und in feine Streifen schneiden. Butter in einer Pfanne zerlassen und die Kohlstreifen darin kurz durchschwenken. Mit Salz, Pfeffer und Muskat würzen.
Wildschweinrücken in Scheiben schneiden, mit Safranbutter und Kohl anrichten. Eventuell dekorativ mit Blätterteigzylinder (siehe Tipp) servieren.

Tipp:
Blätterteigzylinder: Blätterteigplatte auf bemehlter Arbeitsfläche ausrollen und halbieren. Mit dem Rücken einer Gabel die Teigoberfläche der einen Hälfte aufrauen und mit Dotter bestreichen. Die zweite Hälfte darauflegen und behutsam andrücken. Aus dem Teig verschiedene Formen (Herzen, Blumen, Sterne usw.) ausstechen. Oberfläche mit einem scharfen Messer etwas einschneiden, mit Dotter bestreichen und im vorgeheizten Rohr bei 175 °C etwa 20 Minuten backen.

Wildfond

ZUTATEN FÜR ETWA 3 LITER

700 g Wildabschnitte
5 kg Wildknochen
1 Knoblauchknolle
100 ml Pflanzenöl
300 g Karotten
350 g Zwiebel
200 g Sellerie
600 g Paradeiser
80 g Paradeismark
2 Lorbeerblätter
5 Thymianzweige
3 Gewürznelken
½ Stange Lauch
½ Bd. Petersilie

Die Wildabschnitte in kochendem Wasser kurz blanchieren und dann in grobe Stücke hacken. Die Wildknochen auch grob hacken. Die Knoblauchknolle quer halbieren. Knochen & Abschnitte in einen Bräter legen und mit Öl übergießen. Bei 200 °C im vorgeheizten Rohr 20 Minuten Braten. Karotten und Zwiebeln schälen, Sellerie putzen. Alles in grobe Stücke schneiden. Die Paradeiser vierteln. Das Gemüse über die Wildknochen verteilen. Nach weiteren 20 Minuten Paradeismark, Lorbeer, Thymian und Nelken, Lauch und Petersilie darüberstreuen. Weitere 25 Minuten im Ofen rösten. Alles in einen Topf umfüllen, den Bräter mit etwas Wasser ausschwenken, dieses in den Topf gießen. Mit 9 Liter Wasser auffüllen.
Den Fond zum Kochen bringen und mit einem Schaumlöffel den aufsteigenden Schaum abschöpfen. Hitze reduzieren. Auf ca. 2 Liter einreduzieren lassen. Danach einen Teil davon mit Rotwein einreduzieren und mit Butter zum Jus aufmontieren.

Fasanenschaumsuppe
in Kohlrabi-Ring

ZUTATEN FÜR 6 PERSONEN

2 Fasanenbrüste, ausgelöst
Salz, Pfeffer
Öl
3 Kohlrabi
1 Lorbeerblatt
½ l Obers
¼ l Milch
100 g Butter
Salz, Pfeffer, Muskat
6 Scheiben Toastbrot
6 Dotter
Schwarze Trüffel

Fasanenbrüste würzen und in erhitztem Öl scharf anbraten, aus der Pfanne nehmen und im vorgeheizten Rohr bei 200 °C fertig braten. Kohlrabi schälen und die Schalen mit Lorbeerblatt in 1 Liter Wasser etwa 10 Minuten auskochen lassen. Inzwischen aus den Kohlrabi mit einer Ringform (3–4 cm) je zwei Kreise herausstechen. Diese Sockel mit dem Parisienne-Ausstecher aushöhlen – das ergibt die Behälter für die Dotter. Die Kohlrabisockel in gesalzenem Wasser leicht kochen und abschrecken. Den Sud aus den Kohlrabischalen abseihen und den Bratrückstand damit ablöschen. Das restliche Kohlrabifruchtfleisch darin weich kochen. Obers, Milch und Butter mitkochen, mit Salz, Pfeffer und Muskat würzen und pürieren. Durch ein feines Sieb seihen.
Aus den Toastbrotscheiben mit dem gleichen Ausstecher wie für die Sockel-Löcher und mit einem 5–6 cm großen Ausstecher Ringe ausstechen. Diese Croûtonringe in Butter goldbraun backen.
Die Suppe aufschäumen, in einen großen Suppenteller gießen. Den Kohlrabi-Sockel in die Mitte der Suppe setzen, den rohen Dotter hineingeben und den Croûtonring draufsetzen. Mit einer dünnen Scheibe Trüffel garnieren. Die Fasanenbrüste in feine Streifen schneiden und als Einlage servieren.

Klare Gams-Kraftsuppe
mit Wildnockerln

ZUTATEN FÜR 6 PERSONEN

Suppe
2 Zwiebeln
1 Wildknochen von der Gams
8–12 Pfefferkörner
2–3 Lorbeerblätter
1 Lauchstange
3 Karotten
3 Gelbe Rüben
100 g grob faschiertes Wildgeflügel
5 Eiklar
Petersilstängel
Salz
10 Wacholderbeeren
weißer Pfeffer
Schnittlauch, geschnitten

Wildnockerln
1 Ei
80 g Wildfleisch (Reh, Hase)
80–100 ml Schlagobers
Salz, Pfeffer
Thymian
2 Wacholderbeeren

Suppe: Eine Zwiebel halbieren und auf der Schnittfläche in einer heißen Pfanne oder direkt auf der Herdplatte braun rösten. Knochen mit (ungeschälter) Zwiebel in 5 Liter kaltes Wasser geben, aufkochen lassen. Pfefferkörner und Lorbeerblätter beifügen und bei kleiner Hitze 2–3 Stunden sieden lassen. Aufsteigenden grauen Schaum zwischendurch mit einem Lochschöpfer abschöpfen. Die Suppe durch ein Sieb und durch ein Passiertuch gießen und kalt stellen.
Karotten, Lauch, Gelbe Rüben und Sellerie putzen, gemeinsam mit der zweiten Zwiebel fein hacken, faschiertes Wildgeflügel und Eiklar miteinander vermengen und in die erkaltete Suppe einrühren. Langsam unter ständigem Rühren aufkochen, anschließend für weitere 10 Minuten leicht köcheln lassen. Danach durch ein Tuch seihen und die klare Suppe mit Salz und Pfeffer abschmecken.
Nockerln: Das gut gekühlte Wildfleisch cuttern, langsam Obers und das Ei dazugeben, bis eine flaumige Masse entsteht. Durch ein Sieb streichen, die Masse mit Salz, Pfeffer, Thymian und gehackten Wacholderbeeren würzen. Anschließend mit 2 Löffeln zu Nockerln formen und direkt in kochendem Salzwasser ca. 3–4 Minuten garziehen lassen.

Klare Wild-Consommé
unter der Blätterteighaube

ZUTATEN FÜR 15 PERSONEN

1½ kg Wildknochen (Reh, Hirsch, Wildschwein . . .)
160 g Karotten und Gelbe Rüben
40 g Sellerie
Öl
1 Zwiebel
2 EL Paradeismark
¼ l Rotwein
5 Wacholderbeeren
10 Pfefferkörner
Thymian, Salz
300 g Wildfleisch (Schulter)
100 g Karotten, Lauch und Sellerie
4 Eiklar
1 Lorbeerblatt
Sherry

Einlage
Wirsingkohl, Karotten, Sellerie
Salz

Farcenockerln
70 g Wildfleisch
2 Eiklar
70 ml kaltes Schlagobers
Kräuter, gehackt (Rosmarin, Thymian, Petersilie ...)
Wacholder, gemörsert
Salz, Pfeffer
200 g Blätterteig
Mehl zum Ausarbeiten
Ei zum Bestreichen

Knochen mit in Würfel geschnittenem Wurzelgemüse in heißem Fett kräftig anrösten. Zwiebel und Paradeismark beigeben und mitrösten. Überschüssiges Fett abgießen, mit Wein und 3 l kaltem Wasser aufgießen. Gewürze beigeben und bei geringer Hitze etwa 2½ Stunden kochen lassen, abseihen und auskühlen lassen. Wildfleisch und Gemüse grob faschieren und mit dem Eiklar vermengen. Die Fleischmasse mit dem Schneebesen in den erkalteten Wildfond einrühren, diesen unter vorsichtigem Umrühren aufkochen, Lorbeerblatt beifügen und bei geringer Hitze etwa 45 Minuten ziehen lassen, abseihen, mit Salz und Sherry abschmecken. Einlage: Kohl, Karotten und Sellerie in Streifen schneiden, in Salzwasser blanchieren. Farcenockerln: Fleisch faschieren, mit dem Eiklar und den Gewürzen im Mixer pürieren, dabei das Obers langsam dazugießen. Kräuter einrühren und die Farce mit Salz sowie Pfeffer würzen. Aus der Masse mithilfe von zwei Teelöffeln kleine Nockerln formen, in siedendes Salzwasser einlegen und darin bei geringer Hitze pochieren. Suppe mit dem Gemüse und Nockerln in Tassen füllen. Blätterteig auf bemehlter Arbeitsfläche ausrollen und ausstechen. Der Durchmesser sollte etwa 1 cm größer als jener der Tasse sein. Teigscheiben über die Tassen legen und Ränder fest andrücken. Mit Ei bestreichen und im vorgeheizten Rohr bei 180 °C etwa 10 Minuten backen.

Wildsuppe
mit Wild-Leberknöderln

ZUTATEN FÜR 6 PERSONEN

Wild-Leberknöderln
¼ kg Rehleber, zugeputzt
3 in lauwarmer Milch eingeweichte Semmeln
1 Zwiebel
Salz, Pfeffer
1 EL Majoran
2 Knoblauchzehen
2 Eier
100 g Weißbrotbrösel

Wildsuppe
2–3 kg Hirschkeule oder -schulter (bzw. Teile zum Kochen von Reh oder Gams)
3 Karotten
1 Stange Lauch
3 Gelbe Rüben
100 g Sellerie
2 Zwiebeln
2–3 Lorbeerblätter
8–12 Pfefferkörner
5 l kaltes Wasser
Salz
Muskat
weißer Pfeffer
frisch geschnittener Schnittlauch
evtl. frischer Rosmarin

Wildsuppe: Karotten, Lauch, Gelbe Rüben sowie Sellerie putzen und grob zerteilen. Die Zwiebeln halbieren und auf der Schnittfläche in einer heißen Pfanne oder direkt auf der Herdplatte ohne Fett braun rösten. In einem großen Topf 5 Liter Wasser aufkochen, Hirschfleisch sowie Gemüse und Zwiebeln (samt Schale!) einlegen, zum Kochen bringen und bei geringer Hitze etwa 2–3 Stunden garen lassen. Hinweis: Nach etwa 1 Stunde Pfefferkörner und Lorbeerblatt beigeben. Aufsteigenden Schaum immer wieder mit einem Lochschöpfer abschöpfen. Die Wildsuppe durch ein Sieb und ein Passiertuch gießen und abschmecken.
Leberknöderln: Rehleber, Zwiebel, Knoblauch und gut ausgedrückte Semmeln fein faschieren. Eier und Weißbrotbrösel untermengen, mit Salz, Pfeffer sowie Majoran würzen und etwa 30 Minuten rasten lassen.
Aus der Masse mittelgroße Knödel formen, in die kochende Wildsuppe einlegen und bei geringer Hitze kochen, bis die Knödel an die Oberfläche steigen. Anschließend von der Hitze nehmen und etwa 5 Minuten ziehen lassen.
Die Wildsuppe in Suppenteller gießen, Karotten-Julienne hineingeben und die Wild-Leberknöderl hineinsetzen. Mit frisch geschnittenem Schnittlauch bestreuen und eventuell mit frischem Rosmarin optisch verfeinern.

Feine Wildpastete
im Glas

ZUTATEN FÜR 8 PERSONEN

¾ kg beliebige Wildleber (Wildschwein, Hirsch, Reh, Gams, Hase etc.), geputzt
4 Zwiebeln
4 Knoblauchzehen, gehackt
Öl zum Anbraten
¾ kg fettes Wildfleisch (Wildschweinschlögel, Wildschweinschulter)
Salz, Pfeffer
3 EL Majoran, getrocknet
1 EL Wacholderbeeren, gehackt
350 g Preiselbeeren
¼ l Rotwein
80 g Zucker
120 g Gelierzucker

Die Leber und die Zwiebeln in Streifen schneiden und in Öl mit Knoblauch rundum anrösten. Wildfleisch salzen, pfeffern, mit Majoran und Wacholderbeeren würzen und im vorgeheizten Rohr bei 200 °C 1 Stunde braten. Alles abkühlen lassen und faschieren. Kräftig abschmecken, in Einmachgläser füllen, gut verschließen und im Dämpfer bei 90 °C etwa 3 Minuten pochieren.
Die Preiselbeeren mit Rotwein und Zucker weich kochen, mit Gelierzucker einkochen und kalt stellen.
Die Wildpastete im Glas mit verschiedenen Brotsorten und Gebäck servieren. Als Beilage eingemachte Preiselbeeren, Zwiebelringe und frischen Schnittlauch reichen.

Tipp:
Hervorragend geeignet als Vorspeise oder kleiner Snack zwischendurch.

Wildpastete von Reh und Fasan
mit Moosbeersauce

ZUTATEN FÜR 8 PERSONEN

Reh-Pastete
125 g Rehfleisch, zugeputzt
125 g Fasanenfleisch, zugeputzt
100 g ungeräucherter Speck
50 g Pastetenspeck (unbedingt beim Fleischhauer vorbestellen)
200 ml Schlagobers
2 cl Cognac oder Weinbrand
Salz, Pökelsalz
schwarzer Pfeffer aus der Mühle

Pastetengewürz (alle Gewürze und Kräuter gemahlen)
je 10 g Lorbeerblatt und Kardamom
je 15 g Nelke und Muskatblüte
je 20 g Majoran, Muskatnuss und Zimt
25 g Thymian
40 g Ingwer
Piment

Einlage
Rehrückenfilet oder Rehlungenbraten
Salz, Pfeffer
Öl zum Anbraten

30 g Pistazienkerne
100 g ungeräucherter Speck
Pastetenspeck zum Auslegen der Pastetenform

Moosbeersauce
200 g Moosbeeren
⅛ l Rotwein
1 EL Senf
Cayennepfeffer
Orangen- und Zitronenzesten, in Rotwein gekocht

Pastete: Alle Fleischsorten und Speck in kleine Stücke schneiden. Im elektrischen Zerkleinerer (Cutter) unter ständiger Beigabe von kaltem Obers zu einer geschmeidigen Farce verarbeiten, Gewürze versieben und mit Weinbrand beifügen.
Einlage: Filet würzen, in heißem Öl rundum rasch anbraten, von der Hitze nehmen und kalt stellen. Pistazien grob hacken. Speckwürfel in Wasser aufkochen, abseihen und kalt stellen. Anschließend Pistazien und Speck unter die Farce mengen. Den Pastetenspeck messerrückendick schneiden und die Form damit auskleiden. Farce 3 cm hoch einfüllen, Filet einsetzen und die restliche Farce gleichmäßig darüberstreichen. Überlappenden Speck darüberklappen. Pastete im vorgeheizten Rohr im Wasserbad bei 75 °C etwa 45 Minuten pochieren und anschließend erkalten lassen.
Sauce: Moosbeeren mit Rotwein verrühren. Mit Senf sowie Cayennepfeffer würzen und mit den Orangen- und Zitronenzesten (feine Streifen aus den Schalen) vermengen. Mit Vogerlsalat garnieren und mit Orangenfilets, schwarzen Nüssen und Moosbeersauce servieren.

„Surf and Turf" vom Wild
mit Rösti und Wurzelgemüse

ZUTATEN FÜR 4 PERSONEN

300 g Wallerfilet
300 g Hirschrücken, ausgelöst und zugeputzt
Semmelbrösel
griffiges Mehl
Bratfett
Salz, Pfeffer
Öl

Beilagen
2 große mehlige, geschälte Erdäpfel
Salz
Backfett
1 große Karotte
1 große Gelbe Rübe
½ Sellerieknolle
Butter
Gemüsefond

Wallerfilet salzen und die Hautseite zuerst mit Bröseln und anschließend mit Mehl bestreuen. Pfanne erhitzen, Bratfett darin erhitzen und Fischfilet mit der Hautseite nach unten knusprig braun braten, wenden und kurz weiterbraten. Fischfilet auf einen hitzebeständigen Teller geben und im vorgeheizten Rohr bei 120 °C etwa 10 Minuten warm stellen. Hirschrückenfilet salzen, pfeffern und in heißem Öl rundum kräftig anbraten. Anschließend im vorgeheizten Rohr bei 220 °C etwa 10 Minuten garen; anschließend im ausgeschalteten Rohr bei 90 °C warm halten.
Beilagen: Erdäpfel in sehr feine Streifen (Julienne) schneiden, salzen. In einer beschichteten Pfanne Fett erhitzen, Erdäpfelmasse in Portionen mit einem Löffel einlegen, flach drücken und auf beiden Seiten knusprige Rösti ausbacken. Karotte, Gelbe Rübe und Sellerie schälen, in feine Streifen schneiden und in mit etwas Butter versetztem Gemüsefond weich dünsten. Die Erdäpfelrösti halbieren und eine Hälfte auf einen vorgewärmten Teller setzen. Die zweite Hälfte mit Gemüse auffüllen und ebenfalls auf den Teller legen. Hirschrücken und Wallerfilet in Portionsstücke schneiden und auf den Beilagen anrichten.

Geröstete Wildleber
mit Brokkoli und Püree

ZUTATEN FÜR 6 PERSONEN

1 kg Wildleber
50 g Schmalz
Salz

Erdäpfelpüree
1 kg mehlige Erdäpfel
Salz
200 ml Milch
120 g Butter
Salz, weißer Pfeffer
Muskatnuss

Brokkoli
300 g Brokkoliröschen
Backpulver
Salz, Pfeffer
Muskat
Butter zum Schwenken

Erdäpfelpüree: Erdäpfel schälen, in Salzwasser weich kochen, abseihen, ausdampfen lassen und durch die Erdäpfelpresse drücken. Mit heißer Milch, Butter und Gewürzen verrühren.
Brokkoli in mit Backpulver versetztem Salzwasser etwa 5 Minuten kochen, aus dem Wasser nehmen, gut abtropfen lassen und anschließend in aufgeschäumter Butter schwenken. Mit Salz, Pfeffer und Muskat abschmecken.
Die Wildleber zuputzen und in kleine Medaillons schneiden. Das Schmalz in einer Pfanne erhitzen, die Wildleber kurz beidseitig anrösten, aus der Pfanne nehmen und salzen.
Wildleber mit Brokkoli und Erdäpfelpüree anrichten.

Wild
am Tischgrill

ZUTATEN FÜR 6–8 PERSONEN

6 Rehschnitzerl
6 Hirschschnitzerl
6 Wachtelbrüste
6 Wildschweinmedaillons
6 Taubenbrüste
2 Fasanbrüste

Gegrilltes Gemüse
je 1 gelbe und rote Paprikaschote
Olivenöl
1 Thymianzweig
1 Rosmarinzweig
Balsamico-Essig
6 Knoblauchzehen
2 Zucchini
1 Melanzani
1–2 Salbeiblätter
Kapernbeeren
Oliven
Salz, weißer Pfeffer aus der Mühle

Überbackene Erdäpfel
¾ kg festkochende Erdäpfel
Butter für die Form
Salz
weißer Pfeffer aus der Mühle
2 Knoblauchzehen, fein gehackt
¼ l Schlagobers
Muskatnuss

Fenchel-Endiviensalat
¼ kg Fenchel, geputzt
1 Endiviensalat, geputzt und gewaschen
¼ kg Äpfel
Saft von 1 Zitrone
4 EL Sonnenblumenöl
2 TL Senf
1 TL Honig
4 Messerspitzen Vollmeersalz
1 kleine Zwiebel
1 Knoblauchzehe, gepresst
Fenchelgrün

Marinade
Öl, Salz, Pfeffer
gemischte Kräuter (Rosmarin, Thymian, Salbei, Petersilie)
Wacholderbeeren, zerstoßen

Marinade: Öl mit Salz, Pfeffer, Kräutern und Wacholderbeeren gut verrühren und mit dem Fleisch vermengen. Fleisch auf einer Silberplatte anrichten und mit dem Gemüse am Tischgrill grillen.
Fenchel-Endiviensalat: Fenchel feinnudelig oder kleinwürfelig schneiden, Endiviensalat in Streifen schneiden, Äpfel entkernen und ungeschält würfelig schneiden. Zitronensaft mit Öl, Senf, Honig und Salz zu einer cremigen Marinade rühren. Zwiebel schälen und fein hacken. Fenchelgrün fein schneiden, beides mit dem Knoblauch unter die Marinade rühren. Marinade über den vorbereiteten Salat gießen und gut durchmengen.
Gegrilltes Gemüse: Paprikaschoten vierteln, putzen, entkernen und waschen. Am heißen Grill mit Olivenöl, Thymian und 2 Knoblauchzehen hellbraun grillen, mit

Balsamico-Essig ablöschen, mit Salz sowie Pfeffer würzen. Die Zucchini waschen, putzen und in fingerdicke Scheiben schneiden und ebenfalls am Grill mit Olivenöl beidseitig goldbraun grillen, wiederum mit Balsamico-Essig ablöschen und einen Rosmarinzweig beifügen. Mit Salz und Pfeffer würzen. Die Melanzani auf die gleiche Weise wie die Zucchini zubereiten, aber statt dem Rosmarinzweig Salbeiblätter beigeben. Gegrilltes Gemüse mit Oliven servieren.

Die Kapernbeeren 1 bis 2 Wochen vorher aus der Essiglake herausnehmen und in hochwertiges Olivenöl einlegen.

Die Erdäpfel schälen und in feine Scheiben schneiden. In eine bebutterte, mit Knoblauch, Salz sowie Pfeffer bestreute Auflaufform einlegen. Obers mit Muskat, Salz sowie Pfeffer würzen, über die Erdäpfel gießen und im vorgeheizten Rohr bei 150 °C etwa 1 Stunde backen.

Filetspitzen vom Steinbock
à la Stroganoff

ZUTATEN FÜR 6 PERSONEN

350 g Steinbockrücken, ausgelöst und zugeputzt
Öl zum Braten
1 Zwiebel, fein gehackt
10–15 Champignons, feinblättrig geschnitten
etwas glattes Mehl
1/16 l Rotwein
¼ l Wildfond
¼ l Schlagobers
Salz, Pfeffer
2 EL Petersilie, gehackt
2 Essiggurkerln, in feine Streifen geschnitten
100 g Schinken, in feine Streifen geschnitten

Den Steinbockrücken in dünne Scheiben schneiden. Öl erhitzen und die Zwiebel darin anschwitzen. Das Fleisch und die Champignons beifügen und unter Wenden mitrösten, mit Mehl stauben, kurz durchrühren, mit Rotwein ablöschen und mit Wildfond und Obers aufgießen; würzen, Petersilie unterrühren und aufkochen. Bei mittlerer Hitze einige Minuten einkochen lassen und nochmals abschmecken. Mit Gurkerl- und Schinkenstreifen garniert anrichten und mit Nudeln (Hörnchen) servieren.

Damhirschfilet
im Schinkenspeckmantel mit Selleriepüree und Lauchstroh

ZUTATEN FÜR 4 PERSONEN

2 Damhirschfilets
Wacholderbeeren, zerdrückt
Salz, Pfeffer
100 g Rohschinken, in Scheiben geschnitten
Öl
¼ l Wildfond
1–2 EL kalte Butter

Selleriepüree
300 g Sellerie, würfelig geschnitten
150 ml Schlagobers
30 g Butter
120 ml Milch
Salz, Pfeffer, Muskatnuss

Lauchstroh
½ Stange Lauch (nur die hellgrünen Teile)
Öl zum Frittieren
Salz

Damhirschfilets zuputzen, mit zerdrückten Wacholderbeeren und Pfeffer würzen und mit Rohschinkenscheiben umwickeln.
Püree: Schlagobers mit Butter und Milch aufkochen, Selleriewürfel darin bei geringer Hitze etwa 20 Minuten weich kochen. Mit Salz, Pfeffer, Muskatnuss würzen; anschließend fein pürieren.
Lauchstroh: Lauch putzen, waschen und in hauchdünne Streifen schneiden. In heißem Öl (etwa bei 180 °C) 20 bis 30 Sekunden frittieren. Mit einem Lochschöpfer herausheben, auf Küchenkrepp gut abtropfen lassen und sofort wenig salzen.
Damhirschfilets in erhitztem Öl rundum kräftig anbraten und im vorgeheizten Rohr bei 150 °C etwa 6 Minuten fertig garen. Das Fleisch aus der Pfanne nehmen und warm stellen. Bratrückstand mit Wildfond ablöschen und einige Minuten kochen lassen. Durch ein Sieb seihen und durch Einrühren von Butter binden.
Damhirschfilets diagonal durchschneiden und je eine Filethälfte auf dem Selleriepüree anrichten, mit Sauce überziehen und mit Lauchstroh garniert servieren.

Medaillons vom Mufflon
mit getrüffeltem Erdäpfelpüree

ZUTATEN FÜR 6 PERSONEN

900 g Mufflonrücken (ohne Knochen)
Salz
weißer Pfeffer aus der Mühle
5–6 Wacholderbeeren
Öl und Butter zum Braten
3 Lorbeerblätter
Thymian
⅛ l Rotwein (Zweigelt)
⅛ l brauner Wildfond
Butter zum Montieren

Erdäpfelpüree
6 mittelgroße Erdäpfel
¼ l Milch
100 g Butter
Salz und Muskat
1 TL Trüffelbutter
1 schwarze Trüffel

200 g breite Bohnen
Butter zum Schwenken

Den Mufflonrücken von Sehnen und Häuten befreien, in 6 gleichmäßige Stücke schneiden, mit Salz und Pfeffer würzen. Die Wacholderbeeren mit dem Messerrücken zerstoßen und gleichmäßig auf den Mufflonrückenstücken verteilen. In einer Pfanne das Öl erhitzen, die Mufflonstücke rundum anbraten und die Butter beigeben. Lorbeerblätter und Thymian in die Pfanne geben und bei 180 °C ins vorgeheizte Backrohr stellen (ca. 4–5 Minuten). Die Mufflonstücke herausnehmen und an einem warmen Ort rasten lassen. Den Bratrückstand in der Pfanne mit Rotwein ablöschen und einkochen lassen, mit dem Wildfond aufgießen und mit der kalten Butter aufmontieren. Wenn nötig noch etwas würzen und durch ein feines Sieb seihen.
Die Erdäpfel (vorzugsweise die Sorte Bintje verwenden) waschen, schälen, in gleichmäßige Stücke schneiden und in Salzwasser weich kochen. Milch und Butter erhitzen und die gekochten Erdäpfel mit einer Erdäpfelpresse in die heiße Flüssigkeit drücken. Mit einem Schneebesen durchrühren, mit Trüffelbutter, Salz und Muskat abschmecken und auf das angerichtete Püree die Trüffel hobeln.
Die Bohnen in Salzwasser kochen, in Butter schwenken, mit Salz abschmecken und zu den Mufflonmedaillons reichen.

Mufflonschlögel
in Burgunder-Wurzelsauce mit Palffyknödeln und Preiselbeerschaum

ZUTATEN FÜR 8–10 PERSONEN

1 Mufflonschlögel, ausgelöst
Salz, Pfeffer
Wacholderbeeren, gehackt
Öl zum Braten
2 Zwiebeln
4 Karotten
3 Petersilwurzeln
2 Thymianzweige
1 Lorbeerblatt
Paradeismark
Mehl zum Stauben
0,7 l Burgunder
1 l Wildfond
2 EL Sherry
1 EL Honig

Palffyknödel
250 g altbackene Semmeln
150 ml Milch
100 ml Schlagobers
½ Zwiebel, fein gehackt
40 g Butter
4 Eier
15 ml Schlagobers, geschlagen
Salz, Pfeffer, Muskat

Preiselbeerschaum
Preiselbeerkompott
200 ml Schlagobers, geschlagen

Schlögel mit Salz, Pfeffer und Wacholderbeeren einreiben und beidseitig in wenig Öl scharf anbraten; dann im vorgeheizten Rohr bei 220 °C 30 Minuten braten. Zwiebeln, Karotten und Petersilwurzeln schälen und in grobe Stücke schneiden. Gemüse, Kräuter und Paradeismark zum Schlögel geben und Gemüse braun rösten; mit Burgunder ablöschen, Fleisch mit Alufolie abdecken und weitere 60 Minuten braten. Schlögel warm stellen. Bratrückstand mit Mehl stauben und mit Wasser oder Wildfond auffüllen. Kräftig verkochen, pürieren und durch ein Sieb passieren; Sauce mit Sherry abschmecken. Schlögel mit Honig bestreichen und im Rohr bei starker Oberhitze einige Minuten glasieren. Mit Pfeffer bestreuen.
Palffyknödel: Semmeln in Würfel schneiden, mit Milch und Obers übergießen und ziehen lassen. Zwiebel schälen, kleinwürfelig schneiden und in Butter glasig anrösten. Eier verquirlen und mit dem geschlagenen Obers unter die Semmelwürfel heben. Mit Salz, Pfeffer und Muskat würzen, gut vermengen und 30 Minuten rasten lassen. Aus der Semmelmasse mit befeuchteten Händen kleine Knödel formen. In kochendes Salzwasser einlegen und bei geringer Hitze offen etwa 12 Minuten ziehen lassen.
Preiselbeerschaum: Preiselbeerkompott unter das geschlagene Obers ziehen.
Fleisch in Scheiben schneiden, mit Palffyknödeln und Preiselbeerschaum anrichten.

Topfenknöderln
mit Erdbeerröster

ZUTATEN FÜR 6 PERSONEN

Topfenknöderln
90 g Butter
90 g Staubzucker
3 Eier
½ kg Topfen, gepresst
2 EL Stärkemehl
400 g Weißbrotbrösel
Salz

Butterbrösel
100 g Butter
80 g Semmelbrösel

Erdbeerröster
¼ kg Erdbeeren
125 ml Erdbeerfruchtmark
Grand Marnier

Butter schaumig rühren. Eier trennen. Dotter und Zucker dazugeben und schaumig rühren. Topfen untermengen. Eiklar zu steifem Schnee schlagen, Stärkemehl unterziehen. Schnee abwechselnd mit Weißbrotbröseln unter die Topfenmasse heben. Aus der Masse mit befeuchteten Händen Knödeln formen und in kochendes Salzwasser einlegen; bei geringer Hitze etwa 10 Minuten ziehen lassen.
Butter schmelzen, Brösel beifügen und knusprig rösten. Knödel aus dem Wasser heben, gut abtropfen lassen, in Butterbröseln wälzen und mit Staubzucker bestreut auf Erdbeerröster anrichten.
Erdbeerröster: Erdbeeren in Scheiben schneiden und mit dem Fruchtmark sowie Grand Marnier verrühren.

Kardinalschnitte

ZUTATEN FÜR 15 PERSONEN

Baisermasse
12 Eiklar
270 g Kristallzucker

Biskuitmasse
3 Eier
5 Dotter
80 g Kristallzucker
20 g Vanillezucker
80 g Mehl (glatt)
Staubzucker zum Bestreuen

Kardinalschnitten können auf 2 Arten gefüllt werden:

Füllung 1
½ l Obers
20 g Vanillezucker
200 g Ribiselmarmelade

Füllung 2
600 ml Obers
20 g Staubzucker
Löskaffeepulver

Ein befettetes Backblech mit 3 etwa 20 cm breiten und 50 cm langen Streifen aus Backtrennpapier belegen.
Baisermasse: Eiklar mit Kristallzucker– am besten mit dem Handrührgerät – zu steifem Schnee schlagen.
Biskuitmasse: Eier mit Dottern, Kristallzucker sowie Vanillezucker – am besten mit dem Handrührgerät – etwa 5 Minuten schaumig rühren. Mehl behutsam unterheben.
Baiser- und Biskuitmasse in jeweils einen Spritzsack mit großer glatter Tülle füllen. Auf jeden der Papierstreifen, mit einem Abstand von etwa 2 cm, nebeneinander 3 dreifache Bahnen aus Baisermasse spritzen. Die Biskuitmasse gleichmäßig zwischen die Baiserbahnen dressieren. Mit Staubzucker bestreuen. Im vorgeheizten Rohr bei 160 °C etwa 35 Minuten backen. Biskuit-Baiser-Streifen sofort auf ein gut bezuckertes Backtrennpapier stürzen, auskühlen lassen und mitgebackenes Papier vorsichtig abziehen.
Füllung 1: Schlagobers mit Vanillezucker steif schlagen. Zwei Biskuit-Baiser-Streifen gleichmäßig mit Ribiselmarmelade bestreichen, Schlagobers daraufstreichen. Dritten Biskuit-Baiser-Streifen mit Schwung auf das Obers setzen. Hinweis: Die Streifen sollen möglichst exakt übereinanderliegen. Kardinalschnitten kalt stellen. Bezuckern und in Portionen teilen.
Füllung 2: Schlagobers mit Zucker steif schlagen; Kaffeepulver nach Geschmack fein hineinsieben und unterziehen. Biskuitstreifen gleichmäßig damit zusammensetzen.

Cremeschnitte

ZUTATEN FÜR 24–30 PORTIONEN

1 Rahmenform 30 x 45 cm
800 g Blätterteig (Fertigprodukt)
Marillenmarmelade zum Bestreichen
Rum nach Geschmack

Vanillecreme
1 l Milch
300 g Kristallzucker
40 g Vanillezucker
80 g Vanillepuddingpulver
10 cl Rum
14 Blätter Gelatine
1½ l geschlagenes Obers
Fondant oder Eiweißglasur (Konditorbedarf)

Zwei Blätterteigplatten zu einer Größe von 30 x 45 cm und etwa 3 mm dünn auswalken, auf mit Wasser befeuchtetes Blech legen, mit einer Gabel mehrmals einstechen (= „stupfen") und im vorgeheizten Rohr bei 200 °C etwa 10 Minuten backen. Vollständig auskühlen lassen. Eine Blätterteigplatte als Boden in eine Rahmenform (30 x 45 cm) geben. Marillenmarmelade mit Rum erwärmen und beide Blätterteigplatten damit bestreichen.
Vanillecreme: Halbe Milchmenge mit Kristall- und Vanillezucker aufkochen. Restliche Milch mit Vanillepuddingpulver verrühren. In die kochende Milch einrühren, aufkochen lassen und von der Hitze nehmen. Gelatine in kaltem Wasser einweichen, gut ausdrücken und vorschriftsmäßig in der noch warmen Vanillemasse auflösen. Rum einrühren; Creme kühl stellen.
Unter die abgekühlte Vanillecreme (Wichtig: nicht stocken lassen!) das geschlagene Obers unterziehen. Vanillecreme auf den Blätterteig in der Kastenform füllen, Oberfläche glatt streichen und mindestens 4 Stunden – am besten über Nacht – zugedeckt kalt stellen.
Die zweite Blätterteigplatte mit Fondant oder Eiweißglasur überziehen, trocknen lassen und vor dem Portionieren auflegen.

Nussstrudel

ZUTATEN FÜR 24–30 PORTIONEN

Germteig
½ kg Weizenvollkornmehl
180 ml lauwarme Milch
50 g frische Germ
10 g Salz
2 cl Rum
150 g Butter oder ungehärtete Pflanzenmargarine
150 g Honig
3 Eier
2 cl Zitronensaft
Vollkornmehl zum Ausarbeiten

Butter oder Diätmargarine für die Form
Ei zum Bestreichen

Fülle
½ kg geriebene Walnüsse
300 g Honig
5 cl Rum
350 ml Milch
50 g Semmel- oder Vollkornbrösel
5 g Zimtpulver
1 Ei zum Bestreichen
Staubzucker zum Bestreuen

Germ zerbröseln, in 100 ml Milch auflösen und mit etwa 100 g Mehl verrühren. Dieses Dampfl zugedeckt an einem warmen Ort etwa 20 Minuten gehen lassen. Restliche lauwarme Milch mit Rum, Honig, Zitronensaft, restlichem Mehl und Dampfl zu einem Teig verkneten. Eier mit Salz verquirlen und langsam unter den Teig mengen. Butter einmengen. Germteig weitere 30 Minuten zugedeckt an einem warmen Ort gehen lassen. Auf bemehlter Arbeitsfläche nochmals kräftig durchkneten und nochmals 30 Minuten gehen lassen.
Fülle: Milch erwärmen und mit restlichen Zutaten gut verrühren.
Teig in 3 gleich große Stücke teilen und diese mit den Händen auf einer leicht bemehlten Arbeitsfläche zu glatten Kugeln formen („schleifen"). Hinweis: Mit der hohlen Hand unter kräftigem Druck so lange rollen, bis schöne Kugeln mit seidig glänzender, glatter Oberfläche entstehen. Teigstücke 10 Minuten gehen lassen und danach auf einer bemehlten Arbeitsfläche jeweils zu einem Rechteck (etwa 30 x 30 cm) ausrollen, Nussfülle gleichmäßig auftragen, Strudel zusammenrollen und die Enden gut verschließen.
Jeweils in eine gefettete Backform setzen und zugedeckt nochmals 60 Minuten gehen lassen. Mit verquirltem Ei bestreichen und im vorgeheizten Backrohr bei 170 °C etwa 1 Stunde backen. Überkühlen lassen, bezuckern und anrichten.

Marillenpalatschinken

ZUTATEN FÜR ETWA 15–20 STÜCK

Palatschinkenteig
½ l Milch
Salz
250 g Mehl (glatt)
4 Eier
50 g zerlassene Butter
Butter zum Ausbacken
hausgemachte Marillenmarmelade zum Füllen
Staubzucker zum Bestreuen

Palatschinkenteig: Milch mit Salz, Mehl, Eiern und zerlassener Butter glatt rühren. Aus dem Teig in heißem Fett dünne Palatschinken backen.
Hinweis: Die Palatschinken bis zum Füllen warm stellen.
Die Palatschinken mit Marillenmarmelade füllen und einrollen; mit Staubzucker bestreut servieren.

Festliches Jagdmenü

Roh mariniertes Reh
mit Wachtel-Spiegeleiern und marinierten Linsen

Consommé vom Rebhuhn mit Butternockerln

Sellerie-Gnocchi mit Wildschweinschinken

Fasanenbrust
mit Mohnnudeln und Zwiebel-Birnen-Chutney

G'schmackiges Wildfondue
mit süßer und scharfer Sauce und Rosmarin-Speck-Erdäpfel

Lauwarmes Törtchen von reifen Kirschen
mit geflämmter Süßwein-Creme und Pistazieneis

Roh mariniertes Reh
mit Wachtel-Spiegeleiern und marinierten Linsen

ZUTATEN FÜR 8 PERSONEN

2 Rehrückenfilet, ausgelöst, zugeputzt
Salz, Pfeffer

200 g Linsen, über Nacht eingeweicht
2 rote Zwiebel

2 TL scharfer Senf
8 EL Rotweinessig
8 EL Olivenöl

8 Wachteleier
Butter zum Braten

Rehrücken – am besten mit einer Wurstschneidemaschine – in hauchdünne Scheiben schneiden und sofort kreisförmig auf gekühlten Tellern anrichten; mit Frischhaltefolie zugedeckt kalt stellen.
Die Linsen abseihen, mit frischem Wasser zustellen, leicht salzen und weich kochen. Zwiebel schälen und fein hacken. Linsen abseihen und noch heiß mit Senf, Salz, Pfeffer, Öl und Essig sowie der Zwiebel marinieren.
Aus den Wachteleiern in aufgeschäumter Butter Spiegeleier braten.
Die marinierten Linsen auf dem Reh-Carpaccio anrichten und mit den Wachtel-Spiegeleiern servieren.

Tipp:
Wer es noch ein wenig würziger möchte, verfeinert dieses Gericht mit einem klassischen Pesto und Lavendelöl.

Consommé vom Rebhuhn
mit Butternockerln

ZUTATEN FÜR 8 PERSONEN

Consommé
1 kg Rebhuhnkarkassen und Knochen
1 große Zwiebel
1 Karotte
1 Zeller
1 Gelbe Rübe
1 Petersilwurzel
5 Knoblauchzehen
10 Wacholderbeeren
10 Pfefferkörner
4 Lorbeerblätter
1 Schuss Sherry, Weinbrand oder Cognac

Klärfleisch
600 g Rebhuhnfleisch
1 Karotte
1 Gelbe Rübe
Eiklar von 8 Eiern
2 TL Paradeismark
Salz, Pfeffer
Rosmarin, Thymian

Butternockerln
3 Eier
150 g Butter
Salz, Pfeffer, Muskatnuss
300 g griffiges Mehl

Consommé: Alle Zutaten in einem Topf mit 2 Liter Wasser zustellen, langsam aufkochen lassen und bei geringer Hitze 2–3 Stunden köcheln lassen. Diesen Suppenansatz durch ein feines Sieb abseihen, am besten über Nacht abkühlen lassen. Für den Klärkuchen das Fleisch mit dem geputzten Wurzelgemüse faschieren, mit Eiklar, Paradeismark, Gewürzen und Kräutern vermengen, gut durchrühren und mit der vollständig ausgekühlten Suppe neu aufstellen und langsam zum Kochen bringen. Dabei immer kräftig durchrühren, bis die Consommé kocht, da sich sonst Eiweiß absetzt und verbrennt. Sobald die Suppe aufkocht, Hitze reduzieren und Consommé 45 Minuten ziehen lassen. Suppe durch ein Tuch abseihen und mit Sherry verfeinern. Für die Butternockerln die Eier trennen. Butter mit Salz, Pfeffer und Muskatnuss würzen und am besten mit Handrührgerät oder Küchenmaschine so lange rühren, bis die Masse weiß ist. Eidotter nach und nach unterrühren. Das Eiweiß mit einer Prise Salz zu steifem Schnee schlagen und abwechselnd mit dem Mehl vorsichtig unter die Buttermasse heben. Aus der Masse mithilfe von 2 Esslöffeln Nockerln formen, in kochendes Salzwasser einlegen und zugedeckt bei geringer Hitze etwa 15 Minuten ziehen lassen. Die Rebhuhn-Consommé in einen Suppenteller schöpfen, Butternockerl einlegen und mit frisch gehackten Kräutern garnieren.

Sellerie-Gnocchi
mit Wildschweinschinken

ZUTATEN FÜR 8 PERSONEN

400 g Sellerie, geschält
¼ l Schlagobers
Salz, Pfeffer, Muskat
Zitronensaft
¼ l geschlagenes Obers
24 Scheiben Wildschweinschinken

Gnocchi
14 mittelgroße mehlige Erdäpfel
4 Dotter
Öl
Salz, Muskat
4 EL Stärkemehl

Petersilschaum
300 g Petersilie, grob gehackt
¼ l Mineralwasser
Salz, Pfeffer, Muskat
20 g Mehlbutter (10 g Mehl mit 10 g Butter verknetet und kalt gestellt)

Sellerie würfelig schneiden und in Obers weich kochen, mit Salz, Pfeffer, Muskat und Zitronensaft abschmecken.
Gnocchi: Erdäpfel waschen, kochen, abseihen, kurz ausdampfen lassen und schälen. Noch heiß durch die Erdäpfelpresse drücken und mit Dotter(n), Öl, Stärkemehl, Salz, Muskat rasch zu einem glatten Teig verkneten. Teig auf einer bemehlten Arbeitsfläche zu einer etwa 2 cm dicken Rolle formen und diese mit einem Messer in 1 cm breite Stücke teilen. Jedes Teigstück mit den Zinken einer Gabel etwas niederdrücken. Gnocchi in reichlich siedendes Salzwasser einlegen und bei geringer Hitze etwa 5 Minuten ziehen lassen. Hinweis: Die Gnocchi sind gar, wenn sie an die Oberfläche steigen. Abseihen und gut abtropfen lassen.
Gnocchi unter den Sellerie mengen und kurz vor dem Anrichten geschlagenes Obers unterheben.
Petersilschaum: Petersilie mit Mineralwasser pürieren und durch ein Haarsieb passieren. Die gewonnene Flüssigkeit aufkochen, mit Salz, Pfeffer und Muskat abschmecken und durch Einrühren der Mehlbutter binden. Vor dem Anrichten mit dem Stabmixer aufschäumen.
Sellerie-Gnocchi mit rohen Wildschweinschinken-Scheiben und Petersilschaum anrichten.

Fasanenbrust
mit Mohnnudeln und Zwiebel-Birnen-Chutney

ZUTATEN FÜR 8 PERSONEN

1 kg Fasanenbrustfilets
Salz, Pfeffer
Spritzer Rotwein
8 Wacholderbeeren, zerdrückt
¾ kg Frühstücksspeck

Chutney
7 reife Birnen
400 ml Wasser
⅛ l Weißwein
2 Zimtstange
Nelken
4 rote Zwiebeln, geschält
4 EL Honig
1½ EL Zucker
200 g Butter
1 Spritzer weißer Balsamico-Essig
Salz, Pfeffer
Thymian

Mohnnudeln
1¼ kg mehlige Erdäpfel
200 g griffiges Mehl
200 g Stärkemehl
3 Eier
70 g zerlassene Butter
Salz, Pfeffer
Muskatnuss
Mehl zum Ausarbeiten
50 g Butter zum Schwenken
120 g Mohn, gerieben

Fasanenbrüste salzen, pfeffern und mit einem Schuss Rotwein und den Wacholderbeeren marinieren; mindestens 2 Stunden marinieren lassen.
Mohnnudeln: Erdäpfel kochen oder dämpfen, schälen und noch heiß durch die Erdäpfelpresse drücken. Mehl, Stärke, Eier und Butter dazumengen und mit Salz, Pfeffer und Muskatnuss würzen, rasch zu einem glatten Erdäpfelteig verarbeiten. Teig auf einer bemehlten Arbeitsfläche zu einer fingerdicken Rolle formen, mit einer bemehlten Teigkarte in etwa 2 cm lange Stücke teilen und diese mit der Hand zu Nudeln „wuzeln". Nudeln in kochendes Salzwasser einlegen und bei geringer Hitze etwa 3 Minuten kochen lassen. Hinweis: Die Nudeln sind gar, wenn sie an die Oberfläche steigen. Mit einem Lochschöpfer vorsichtig aus dem Wasser heben, gut abtropfen lassen. Butter in einer Pfanne aufschäumen, Mohn einrühren, Erdäpfelnudeln darin schwenken.
Fasanenbrüste in Frühstücksspeck wickeln; in erhitztem Fett rundum kräftig anbraten und anschließend im vorgeheizten Rohr bei 220 °C etwa 8 Minuten fertig garen.

Chutney: Birnen schälen. Birnenschalen in mit Wein, Zimt sowie Nelken versetztem Wasser auskochen. Fruchtfleisch und die Zwiebeln in kleine Würfel schneiden. Honig mit Zucker hell karamellisieren, Butter sowie Zwiebeln beifügen, nach einigen Minuten Birnenstückchen dazugeben und bei mittlerer Hitze hellbraun anschwitzen. Birnenschalensud durch ein Sieb zu den Birnen gießen, bei geringer Hitze einkochen lassen, mit Balsamico-Essig, Salz, Pfeffer sowie frischem Thymian würzen.
Fasanenbrüste in Scheiben schneiden, mit Mohnnudeln dekorativ anrichten und mit Birnen-Zwiebel-Chutney servieren.

Tipp:
Je länger man die Fasanenbrüste beizt, desto intensiver und geschmackvoller wird das Fleisch. Die Flüssigkeit im Chutney vollständig verdampfen lassen und erst zum Schluss mit frischen Kräutern verfeinern.

G'schmackiges Wildfondue
mit süßer und scharfer Sauce

ZUTATEN FÜR 8 PERSONEN

200 g Rehrücken, ausgelöst
4 Fasanenbrüste (etwa 120 g)
200 g Wildschweinrücken, ausgelöst
4 Wildentenbrüste (etwa 100 g)
300 g Hirschrücken, ausgelöst

Marinade
Sonnenblumenöl
2 TL Wacholderbeeren, gehackt
2 TL Ingwer, frisch gerieben
2 TL Salz, weißer Pfeffer
frische Kräuter, fein gehackt

Erdäpfel-Mozzarella-Salat
10–12 festkochende Erdäpfel
Mozzarella
Kirschparadeiser
1 Handvoll Vogerlsalat
Saft einer 1 Zitrone
2 TL Honig
Kernöl, Meersalz, Basilikum

Sauce Ajoli
4 Dotter
2 EL Balsamico-Essig
½ l Olivenöl
8–10 Knoblauchzehen
Salz, weißer Pfeffer
Saft einer 1 Zitrone

Scharfe Chilisauce
8 EL Paradeismark
6 EL Sauerrahm
Worcestersauce
Tabascosauce
Paprikapulver (scharf)
2 Chilischoten, fein gehackt
Zucker, Currypulver

Rosmarin-Speck-Erdäpfel
12 speckige Heurige
etwas Butter, Salz, Pfeffer
24 Scheiben Frühstücksspeck
24 Rosmarinzweige

Marinade: Alle Zutaten vermengen. Alle Fleischsorten zuputzen und in etwa 3 cm große Würfel schneiden. Fleischsorten getrennt voneinander in der Marinade etwa 2 Stunden kühl durchziehen lassen. Anschließend auf Tellern anrichten. Öl oder kräftige klare Suppe in den Fonduetopf gießen und am besten am Herd stark erhitzen. Vorsichtig den Topf auf das Rechaud stellen. Fleischstücke auf Fonduegabeln spießen und im heißen Öl oder Suppe garen.
Salat: Gekochte Erdäpfel noch heiß schälen und in dünne Scheiben schneiden. Mozzarella kleinwürfelig schneiden und unter die noch heißen Erdäpfel heben. Kirschparadeiser halbieren und mit Vogerlsalat behutsam untermengen. Zitronensaft mit Honig verrühren, Kernöl daruntermischen und über den Salat gießen. Mit etwas Meersalz und Basilikum würzen.

Ajoli: Eidotter mit Balsamico-Essig verrühren und mit dem Stabmixer aufmixen. Dabei das Olivenöl in dünnem Strahl langsam einlaufen lassen, bis eine mayonnaiseartige Konsistenz entsteht. Zum Schluss den Knoblauch mitmixen und eventuell nochmals abschmecken. Den Zitronensaft nach und nach beigeben. Tipp: Um die Sauce etwas leichter zu machen, könnte man 1–2 EL Sauerrahm beigeben.
Chilisauce: Paradeismark mit Sauerrahm verrühren. Mit Worcestersauce, Tabasco, scharfem Paprika, Chilischote, Zucker und Curry nach Geschmack würzen.
Rosmarin-Speck-Erdäpfel: Ungeschälte Erdäpfel gut waschen, in Salzwasser kochen, abseihen, ausdampfen lassen und halbieren. Erdäpfel mit Butter bestreichen, salzen und pfeffern; mit Speckscheiben umwickeln und mit den Rosmarinzweigen durchstechen, sodass der Speck gut hält.

Lauwarmes Törtchen von reifen Kirschen
mit geflämmter Süßwein-Creme und Pistazieneis

ZUTATEN FÜR 8 PERSONEN

Kirsch-Törtchen
Teig
40 g Kristallzucker
50 g Butter
1 Vanilleschote
Prise Salz
1 Eigelb
100 g Mehl
2 g Backpulver

Kirschfülle
400 g Entkernte Kirschen
50 g Kirschsaft
Saft von ½ Zitrone
1 Msp Zimt, Nelken
Etwas Zucker

Süßwein-Creme
2 Blätter Gelatine
50 g Obers
3 Eigelb
20 g Zucker
10 g Puddingpulver
70 ml Süßwein
50 g Zucker
10 g Glukosepulver
20 ml Wasser
2 Eiweiß

Pistazien-Eis
2 Eigelb
50 g Zucker
200 ml Milch
40 g Obers
30 g Pistaziencreme

Kirschtörtchen: Für den Teig Zucker, Butter und Vanille verrühren. Eigelb und Salz hinzufügen und zum Schluß Mehl und Backpulver einrühren. Den Teig in Törtchenformen geben und bei 160 °C ca. 10 Minuten backen.
Fülle: Die Kirschen im Kirschsaft, Zitronensaft, Gewürzen und Zucker pochieren. Kirschen herausnehmen und den Saft einreduzieren.
Süßwein-Creme: Gelatine in kaltem Wasser einweichen. Mit Obers, Eigelb, Zucker, Puddingpulver eine Puddingcreme herstellen, den Süßwein beimengen und die Gelatine ausdrücken und einrühren. Zucker mit Glukose und Wasser auf

ca. 120° C erhitzen und den gekochten Zucker während des Schlagens unter das Eiweiß mengen. Schlagen bis das Eiweiß steif ist.
Den lauwarmen Eischnee unter die Puddingmasse heben. Kreise in Törtchengröße ausstechen und gefrieren. Vor dem Servieren auf die Törtchen geben und karamelisieren.
Pistazien-Eis: Eine „Creme Anglaise“ (Eigelb, Zucker und Milch) herstellen und kochen, tiefgefrieren und dann mit der kleinen Moulinette bearbeiten.
Törtchen mit Creme und Eis anrichten.

Wildmenü Hubertus

Dammhirsch-Roastbeef
auf Ruccola mit Senfschaum

Linsencremesuppe
mit knusprigem Wildschwein-Schinken

Schulterscherzel vom Wildschwein
mit Speckfisolen und Sellerie-Nuss-Püree

Rehrücken
mit Ingwer-Rotkraut und Maroni-Tascherln

Schokoladendessert
Nougat-Parfait, Bitterschokoladen-Tarte
und leicht salziges Schokoladen-Millefeuille

Damhirsch-Roastbeef
auf Ruccola mit Senfschaum

ZUTATEN FÜR 4 PERSONEN

1 Damhirschrücken
(etwa 380–400 g)
Salz, Pfeffer
Wacholder, zerdrückt
Petersilie, gehackt
Öl und Butter zum Braten

Senfschaum
2 EL Senf
1 EL Mayonnaise
3 EL Sauerrahm
Salz, Pfeffer
Balsamico-Essig

Garnierung
2 EL Himbeeressig
Salz, Pfeffer
Zucker
je 2 EL Olivenöl und Nussöl
Rucola, geputzt und gewaschen
Petersilblätter

Damhirschrücken mit Salz, Pfeffer, Wacholder und Petersilie würzen. Öl mit Butter in einer Pfanne erhitzen, Fleisch darin von allen Seiten scharf anbraten; anschließend im vorgeheizten Rohr bei 120 °C etwa 12 Minuten rosa braten. Aus der Pfanne nehmen, in Klarsichtfolie wickeln und kalt stellen.
Senfschaum: Senf, Mayonnaise, Sauerrahm, Salz und Pfeffer verrühren. Spritzer Balsamico-Essig beifügen und mit dem Stabmixer zu einer Mayonnaise pürieren. Hinweis: Sollte die Masse zu dick sein, mit Balsamico-Essig oder Essiggurkerl-Einlegesud verdünnen. Masse lässt sich schön aufschäumen, wenn sie nicht zu dick ist!
Garnierung: Himbeeressig mit Salz, Pfeffer und Zucker verrühren, Olivenöl und Nussöl einschlagen. Rucola und gezupfte Petersilie damit marinieren.
Senfschaum auf Teller verteilen. Damhirsch-Roastbeef mit der Aufschnittmaschine in dünne Scheiben schneiden, dekorativ auf den Senfschaum legen und mit Salatgarnitur servieren.

Linsencremesuppe
mit knusprigem Wildschwein-Schinken

ZUTATEN FÜR 8 PERSONEN

Suppe
120 g Butter
4 Zwiebeln, gehackt
100 g Speck, kleinwürfelig geschnitten
6 Knoblauchzehen, zerdrückt
400 g Grüne Linsen
⅛ l Weißwein
1 Spritzer Essig
etwa 2 l Rindsuppe
4 Lorbeerblätter
½ l Schlagobers
Salz, Pfeffer, Muskatnuss
etwas kalte Butter zum Binden

Wildschwein-Schinken
½ l Öl zum Frittieren
200 g Wildschwein-Schinken, in dünne Scheiben geschnitten

Butter in einem Suppentopf zerlassen, Zwiebeln darin goldbraun anrösten, Speck und zerdrückten Knoblauch beifügen, kurz mitrösten. Linsen dazugeben, durchrühren und sofort mit Weißwein und Essig ablöschen, den Wein vollständig einkochen lassen und mit Rindsuppe aufgießen. Die Lorbeerblätter dazugeben und so lange bei geringer Hitze kochen, bis die Linsen weich sind. Lorbeerblätter entfernen und mit Schlagobers aufgießen. Suppe noch einmal aufkochen lassen, anschließend pürieren und durch ein Sieb passieren. Mit Salz, Pfeffer und Muskatnuss abschmecken.
Öl erhitzen und den Wildschwein-Schinken bei großer Hitze knusprig frittieren, auf Küchenkrepp gut abtropfen lassen.
Die Suppe mit Butterflocken aufschäumen, in tiefe Teller schöpfen und den Wildschwein-Schinken auf die Suppe setzen.

Tipp:
Sehr gut lässt sich die Suppe auch mit Bohnenkraut verfeinern.

Schulterscherzel vom Wildschwein
mit Speckfisolen und Sellerie-Nuss-Püree

ZUTATEN FÜR 8 PERSONEN

2 Schulterscherzel vom Wildschwein
2 Bund Wurzelgemüse
3 Lorbeerblätter
2 kleine Zwiebel
Pfefferkörner
Wacholderbeeren
Salz

Sellerie-Nuss-Püree
3 Sellerieknollen
1½ EL Butter
½ l Schlagobers
Salz, Pfeffer, Muskatnuss
150 g Walnüsse, gerieben

Speckfisolen
200 g Fisolen
Salz
Knoblauch, zerdrückt
60 g Speck in Scheiben
3 EL Butterschmalz

In einem Topf Wasser aufkochen. Gemüse putzen, würfelig schneiden und Lorbeerblätter, Zwiebel, Pfefferkörner und Wacholderbeeren beifügen. Nochmals aufkochen lassen, das Schulterscherzel einlegen und bei geringer Hitze etwa 2½ Stunden kochen lassen. Hinweis: Nach 1 Stunde salzen. Wichtig: Keine Flüssigkeit mehr nachgießen.
Püree: Sellerie in gleich große Stücke schneiden, in aufgeschäumter Butter glasig anrösten und mit Obers aufgießen; bei geringer Hitze weich dünsten, salzen, pfeffern und mit Stabmixer fein pürieren. Mit Muskat abschmecken und Walnüsse unterrühren.
Speckfisolen: Fisolen putzen, waschen, in Salzwasser bissfest kochen, abseihen, kalt abschrecken, gut abtropfen lassen. Mit Salz, Pfeffer und Knoblauch würzen. Fisolen in 8 Portionen teilen und jede Portion mit jeweils einer Speckscheibe umwickeln. In aufgeschäumtem Butterschmalz rundum braten.
Schulterscherzel aus der Suppe nehmen. Suppe durch ein engmaschiges Sieb seihen. Fleisch in Scheiben schneiden, mit wenig Suppe begießen, mit Speckfisolen und dem Sellerie-Nuss-Püree servieren.

Rehrücken
mit Ingwer-Rotkraut und Maroni-Tascherln

ZUTATEN FÜR 8 PERSONEN

2 Rehrücken im Ganzen (etwa 3 kg)
2 EL Preiselbeeren
schwarze Pfefferkörner, gehackt
Wacholderbeeren
frischer Thymian, Rosmarin, gehackt
½ l kräftiger Rotwein
je 4 Karotten, Gelbe Rüben, Petersilwurzeln, würfelig geschnitten
4 Zwiebeln
2 Sellerie

Ingwer-Rotkraut
2 Rotkrautkopf
2 rote Zwiebel
4 EL Kristallzucker
80 g frischer Ingwer
4 Gewürznelken
2 Zimtstangen
8 EL Preiselbeeren
1 l Rotwein
Salz, Pfeffer
Zucker

Maroni-Tascherln
4 Dotter (Gr. M)
4 cl Sherry, medium dry
180 g gegarte Maroni, klein gehackt
40 g Butter
2 EL Speisetopfen (20% Fett)
2 EL geröstete Pinienkerne, gehackt
2 EL Pistazien, gehackt
Muskat, Salz, Pfeffer

Teig
Siehe Grundrezept S. 106

Rehrücken zuputzen, mit Preiselbeeren, Pfeffer, Wacholder, Thymian und Rosmarin gut marinieren und mindestens 6 Stunden zugedeckt im Kühlschrank ziehen lassen.
Rotkraut: Rotkraut putzen, Strunk entfernen und das Kraut in feine Streifen schneiden; einsalzen und kurz ziehen lassen. Inzwischen Zwiebel schälen und in feine Streifen schneiden. Zucker in einem Topf karamellisieren lassen, Zwiebel darin anschwitzen. Rotkraut dazugeben, durchrühren, Ingwer, Nelken und Zimt unterrühren, mit Rotwein ablöschen und Rotkraut bei geringer Hitze weich kochen lassen. Mit Preiselbeeren, Salz, Pfeffer und Zucker abschmecken.
Rehrücken in heißem Fett rundum kräftig anbraten. Zwiebel schälen und würfelig schneiden. Wurzelgemüse und Zwiebel in Würfel schneiden. Alles in einen Bräter geben, Rehrücken darauflegen, mit Rotwein aufgießen und im vorgeheizten Rohr bei 180 °C etwa 20 Minuten braten. Hinweis: So ist das Fleisch innen noch rosa. 40–60 Minuten = well done.
Maroni-Tascherln: Fülle: Dotter mit Sherry gut verrühren und über Dampf cremig

aufschlagen. Nach und nach Maroni, Butter, Topfen, Pinienkerne und Pistazien unterheben und so lange aufschlagen, bis die Masse dickcremig wird. Mit Muskat, Salz und Pfeffer würzen; kalt schlagen und für die weitere Verarbeitung beiseite stellen.

Teig: Teig laut Grundrezept zubereiten. Teig möglichst dünn – etwa 1 mm – auswalken oder mit der Nudelmaschine dünn ausrollen. Aus dem ausgerollten Teig Scheiben ausstechen, jeweils mit einem Esslöffel Füllung in der Mitte belegen, Teigränder mit Wasser bestreichen, zusammendrücken und anschließend mit einem Teigrad nachradeln. Tascherln in kochendes Salzwasser einlegen und bei geringer Hitze etwa 4 Minuten kochen lassen; mit einem Lochschöpfer herausheben, gut abtropfen lassen und anschließend in heißem Öl schwimmend goldgelb herausbacken.

Rehrücken aus dem Rohr nehmen, salzen, in Alufolie wickeln und mindestens 10 Minuten rasten lassen. Den Bratensaft durch ein Sieb passieren und durch Einrühren kalter Butter binden. Das Fleisch von den Knochen schneiden, in schräge Scheiben tranchieren und mit den Beilagen auf einer Platte anrichten.

Schokoladendessert
Nougat-Parfait, Bitterschokoladen-Tarte und leicht salziges Schokoladen-Millefeuille

ZUTATEN FÜR 8 PERSONEN

Nougat-Parfait
50 g Nougat
50 g Schlagbers
10 g Kristallzucker
2 Eiweiß

Schokoladen-Tarte
Biskuitboden
20 g Butter
60 g Zucker
2 Eigelb
8 g Kakao
20 g Mehl
20 g Maizena
60 g Bitterschokolade (63 %)
2 Eiweiß

Feuillantine
15 g weiße Schokolade
25 g Feuillantine
50 g Praliné

Schokoladen-Creme
60 g Schlagobers
10 ml Glukosesirup
100 g Milchschokolade

Schokoladen-Mousse
½ Blatt Gelatine
2 EL Milch
35 g Milchschokolade
50 g Schlagobers

Schokoladen-Glasur
½ Blatt Gelantine
25 g Schlagobers
30 ml Wasser
35 g Zucker
15 g Kakao
10 ml Wasser
10 g Schlagobers
5 g Zucker
15 g Schokolade
5 g Butter

Schokoladen-Millefeuille
Schokoladen-Blätter
30 g Bitterschokolade
1 g Salz
Schokoladen-Creme
1 g Eigelb
10 g Zucker
50 g Guayaquil-Schokolade
50 ml Milch
50 ml Schlagobers

Nougat-Parfait: Nougat mit einem Drittel des Schlagobers gut verrühren. Zucker und Eiweiß zu Eischnee schlagen. Restliches Schlagobers steif schlagen. Die drei Massen miteinander vermengen und in Kegelformen füllen und gefrieren.
Schokoladen-Tarte: Biskuit: Butter und Schokolade erhitzen und schmelzen lassen. Die Hälfte des Zuckers mit dem Eigelb aufschlagen. Mehl, Maizena und Kakao vermengen und durch ein Sieb abwechselnd mit der Schokolade unter die

restlichen Eier mischen. Eischnee unterheben. Dünn auf ein Blech auftragen und bei 190 °C ca. 9 Minuten backen.
Feuillantine: Schokolade schmelzen und das Feuillantine sowie das Praliné beimengen.
Schokolade-Creme: Obers und Glukosesirup aufkochen, auf die Schokolade gießen und so lange rühren bis eine homogene Masse entsteht. Die Masse in einen rechteckigen Rahmen gießen.
Mousse: Gelatine in kaltem Wasser einweichen. Milch aufkochen, Gelatine gut ausdrücken und beigeben. Die Schokolade beifügen und gut verrühren. Die Masse auf 35 °C abkühlen. Obers aufschlagen und unter die Masse heben.
Schokoladen-Galsur: Gelatine in kaltem Wasser einweichen. Obers, Wasser, Zucker und Kakao zusammen aufkochen. Gelatine gut ausdrücken und unterrühren. Wasser, Obers, Zucker, Schokolade und Butter vermengen und erhitzen. Die zweite Masse durch ein Sieb in die erste Masse einarbeiten. Die einzelnen Komponenten übereinander schichten, Rechtecke in gewünschter Größe schneiden und mit der Glasur überziehen.
Schokoladen-Millefeuille: Für die Schokoladenblätter die Schokolade temperieren und das Salz hinzufügen. Für die Schokoladencreme Dotter und Zucker weiß schlagen. Obers und Milch aufkochen lassen und über die Ei-Zucker-Masse gießen. Weiter schlagen und stark erhitzen, nicht kochen. Über die Schokolade gießen und rühren, bis sich eine homogene Masse bildet. Dann kaltstellen.

Servierkunde

Wild – perfekt, kreativ und geschmacklich hochwertig gekocht und zubereitet – verlangt nach einer besonderen Form des Präsentierens und Servierens, also nach einer Inszenierung. Kochen ist Genuss! Um Geschmack und Geselligkeit zu vereinen, ist es unumgänglich, Küche, Wein und Service perfekt abzustimmen.

Tranchieren

Das Wort „tranchieren" kommt aus dem Französischen und bedeutet „zerschneiden". Heute bezeichnet der Franzose diese Tätigkeit als „découpage". Man versteht darunter das portionsgerechte Zerteilen von großen Fleischstücken wie z.B. Rehrücken und Grosses-Pièces-Stücken oder von ganzem Geflügel. Tranchieren ist eine Kunstfertigkeit, die in der heimischen Gastronomie ein Schattendasein fristet, jedoch in privaten Haushalten, auf Jagdhütten und bei sonstigen geselligen Jagdabenden eine Renaissance erlebt.

Dabei zählt dieses Handwerk sozusagen zu den höheren Weihen eines guten Gastronomen oder eines perfekten Gastgebers. Es zeichnet ihn als Meister seines Fachs aus. Der französische Gourmetkritiker und Gourmet Grimod de la Reynière brachte es in seiner unvergleichlichen Weise auf den Punkt: „Ein Gastgeber, der nicht vorschneiden kann, gleicht dem Besitzer einer Bibliothek, der das Lesen nicht erlernt hat. Das eine ist so schmählich wie das andere."

Ein ganz besonderes Verhalten verlangt das Tranchieren von Wildgeflügel. „Was die Leinwand für den Maler, ist das Geflügel für den Koch. Es wird gekocht oder gebraten oder gebacken, heiß oder kalt serviert, ganz oder in Stücken, mit oder ohne Sauce, entbeint, enthäutet oder gefüllt und immer mit großem Erfolg." Mit diesen Worten huldigte im 19. Jahrhundert der französische Gastrosoph Jean Anthelme Brillat-Savarin dem Geflügel. Vor dem Gast werden niemals Knochen zerhackt oder Sehnen und Knorpel zerteilt. Eine genaue Messerführung entlang der Karkasse ist wichtig, damit nicht allzu viele Fleischreste zurückbleiben. Geflügelscheren sind zum Tranchieren denkbar ungeeignet, weil damit keine geraden Schnittflächen erzielt werden können.

Mise en place – professionelle Vorbereitung

Fleisch vom Wild ist eine ganz besondere Delikatesse. In Zeiten, als das Recht zur Ausübung der Jagd nur dem Adel zustand, waren bei den üppigen festlichen Speisenfolgen gerade die Gerichte vom Wild krönende Höhepunkte.

Aus dieser Tradition kommt auch die folgende und noch immer gültige Liste der nötigen Utensilien:

1. Fleischtranchierbrett mit Saftrinne und Saftbecken
2. Mittelgroßes oder großes Fleischtranchier-Besteck (je nach Größe des Wildes)
3. Rechaud oder Platemaster für die Platte
4. Silberplatte
5. Zwei Vorleger (Suppenlöffel und Fleischgabel) auf einem Dessertteller
6. Ablageteller
7. Weitere Platemaster mit sehr heißen Fleischtellern zum Anrichten

Wild und Wein

Die Weinabstimmung zum Wild hat sich weitgehend geändert. Früher hieß es, zu dunklem Fleisch passt roter Wein. Heute gilt, zu jedem Wildgericht wird das getrunken, was schmeckt und zur Zubereitungsart am besten harmoniert. Achten Sie auf die Reife des Weines, nach zwei bis drei Jahren sind die meisten Sorten gut zu trinken. Wählen Sie also aus dem breiten Spektrum von österreichischen Weinen: etwa Süßwein zur Wildleber; feine, duftige Weißweine wie Grüner Veltliner, Frühroter Veltliner, Sauvignon Blanc oder Muskateller zu den Vorspeisen; oder Neuburger zur Wildsuppe. Zu den Hauptgerichten können kräftige Weißweine oder würzige Rotweine wie Zweigelt, Blaufränkisch und St. Laurent serviert werden.

Wichtig: Der Wein ist ein Begleiter und Verstärker jedes großen Essens, ganz besonders in der Wildküche.

Empfehlungen

Rehschinken selbst haltbar machen

Schlegel vom Reh mit einer Mischung aus grobem Salz und Zucker im Verhältnis 3:2 einreiben, kleine Stücke drei, große vier Tage ruhen lassen.
In grob zermahlenem schwarzem Pfeffer mehrmals wenden.
Je nach Größe und Gewicht in einem dunklen Raum zwischen drei und sechs Wochen bei acht bis zehn Grad an der Luft trocknen lassen.

Rehfleisch

Bei Rehfleisch ist der Rücken, auch Ziemer genannt, zwar am beliebtesten, aber sehr teuer. Auch Rehkeule ist sehr begehrt.

Zu den „Hirschartigen" zählen Wildarten, deren männliche Tiere ein Geweih tragen, das sich jährlich erneuert.

Wildschweine

fressen mit Vorliebe Eicheln, Beeren, Pilze – und das macht den intensiven Geschmack aus.

- Laden Sie zu einem Wildessen immer mehrere Gäste ein, die einzelnen Stücke sind groß genug.
- Auch für den Geschmack eines Wildgerichtes hat die große Runde Vorteile: je größer der Braten, desto besser schmeckt er den Gästen.
- Sollte dennoch etwas übrig bleiben, dann schmeckt Wild am nächsten Tag auch kalt hervorragend.
- Aromaten sind typische Wildgewürze wie Wacholder, Koriander, Rosmarin, Thymian, Beifuß, Piment und Nelken.
- Für ein intensiveres Aroma zerkleinern Sie die Wildgewürze entweder im Mörser oder mit einem breiten Messer. Bitte sparsam würzen!
- Kochen Sie die Aromaten nie zu lange mit, sonst gehen die wertvollen ätherischen Öle verloren.
- Sollten Sie doch einmal beispielsweise eine Rehkeule selbst verarbeiten wollen, schneiden Sie nach Bedarf ein oder zwei Zentimeter dicke Medaillons ab. WICHTIG: Immer gegen die Faser!
- Schmoren ist die beliebteste Garmethode für Wild. Geschmort sind Schulter, Haxe und älteres Federwild ein Hochgenuss.
- Zum Braten sind große Fleischstücke vom Haarwild sowie Brust und Keulen vom Wildgeflügel gut geeignet.
- Die zartesten Stücke – Filet, Medaillons und Nuss – werden in der Pfanne gebraten oder auch gegrillt.
- Medaillons aus der Oberschale eignen sich besonders zum Dämpfen, sie sind schon nach wenigen Minuten gar.
- Lassen Sie sich beim Einkauf von Ihrem Wildhändler die Stücke schon portionsgerecht zerlegen, das erspart Ihnen zu Hause viel Arbeit.
- Sie können Wild problemlos einfrieren. Dazu das Fleisch in geeignete Kunststofffolie einschlagen oder in eine Kunststoffdose geben und einfrieren.
- Wildfleisch, das im Backofen gegart werden soll, wird zuvor entweder in der Pfanne oder gleich in einem Bräter angebraten.

Tipps von A bis Z

Abhängen
Rind oder Wild, schlachtfrisch und ausgeblutet, muss in der Decke oder im Federkleid in kühler Umgebung abhängen, damit das Fleisch mürbe wird. Die Schlachtverordnung verbietet, Wild bis zum strengen Hautgout reifen zu lassen.

Amuse-Gueule
Kleine Appetithappen, die zum Aperitif gereicht oder als Gruß aus der Küche serviert werden.

Aromaten
Geschmack gebende Zutaten wie Gewürze, frische oder getrocknete Kräuter und auch Wurzelgemüse, zum Beispiel Petersilwurzeln, Sellerie oder auch Pastinaken.

Ätherische Öle
Duft gebende Komponente, zum Beispiel in Kräutern. Sie sind leicht flüchtig und beeinflussen unseren Organismus. Weil sie leicht verdunsten, ist ihr Anteil nur bei pflückfrischem Kraut sehr hoch.

Bardieren
nennt der Profi das Umwickeln mit Speck, damit das Fleisch darunter saftig bleibt und einen zarten Räuchergeschmack annimmt.

Binden
Mithilfe eines Bindemittels können Sie Speisen sämig machen und ihnen die optimale Konsistenz geben. Fachleute sprechen auch von legieren. Mit Binden kann aber auch das Umwickeln eines Fleischstückes mit Küchengarn gemeint sein, auch wenn kein Speck als Schutzmantel verwendet wird.

Biofleisch
Es wird auch als Ökofleisch oder Fleisch aus alternativen Haltungsformen be--zeichnet. Für die Erzeugung gelten die Richtlinien der ökologischen Anbauverbände, deren Einhaltung streng überwacht wird. Entscheidend dabei ist, dass die Tiere artgerecht gehalten werden und vorwiegend mit hofeigenen Futtermitteln gefüttert werden, die wiederum unter Verzicht auf synthetische Düngemittel und chemisch-synthetische Pflanzenschutzmittel erzeugt wurden. Kein Bereich der bäuerlichen Erzeugung und der Verarbeitung von Pflanzen und Tieren ist so lückenlos kontrolliert wie der ökologische oder biologische.

Blankett
oder auch Blanquette. Ein weißes Ragou bestehend aus Lamm-, Kalb-, Hühner- oder Kaninchenfleisch, also vorwiegend

aus hellem Fleisch. Das Fleisch wird nicht gebraten, sondern in einem Fond bei schwacher Hitze gegart. Aus Geschmacksgründen muss dabei die Garflüssigkeit immer wieder reduziert, das heißt eingekocht werden.

Braten
Offenes Garen in wenig heißem Fett in der Bratpfanne oder im Backofen.

Confit
Eingemachtes oder eingelegtes Fleisch, vor allem von der Ente oder Gans. Es wird in Stücke geteilt, mit grobem Salz eingerieben und bei ganz schwacher Hitze im eigenen Fett gegart. Nach dem Abkühlen wird es in ein Gefäß geschichtet und mit dem Fett aufgefüllt. Kühl gelagert hält es sich einige Monate.

Dämpfen
Bei dieser schonenden Garmethode wird bei etwa 100 °C im Wasserdampf gegart. Dabei kommt das Gargut weder mit Fett noch mit der Garflüssigkeit in Berührung. Das typische Aroma und die Farben der Zutaten bleiben erhalten. Es klappt mit Dämpfeinsatz oder in einem flexiblen Siebeinsatz aus Metall, der sich allen Topfformen und -größen anpasst. Zum Dämpfen sind fettarme Fische und zartes Gemüse geeignet.

Dressieren
Geflügel oder Wildgeflügel, das im Ganzen gegart wird, sollte vor dem Garen mit Küchengarn aus dem Haushaltswarengeschäft in Form gebunden werden, damit die abstehenden Teile, wie Flügel oder Schenkel, nicht vorzeitig austrocknen.

Dünsten
Eine schonende Garmethode, bei der im eigenen Saft oder in wenig Wasser, Fond, Brühe oder Wein gegart wird. Bei einer Temperatur um 100 °C bleiben Vitamine und Mineralstoffe weitgehend erhalten. Fisch, kleine weiße Fleischstücke, Gemüse und Obst eignen sich gut.

Farce
Feine Masse zum Füllen von Pasteten, Terrinen, Fischen, Fleischteilen oder Gemüse. Sie können aus fein gehacktem Fleisch, Fisch, Gemüse oder zerkleinerten Innereien bestehen und sie werden kräftig gewürzt sowie gebunden.

Flachsen
Fleisch wird vor der Zubereitung meist von Sehnen und Häuten befreit, der Profi bezeichnet diese Fleischabfälle als Flachsen und verwendet sie zur Zubereitung von Fonds.

Flotte Lotte
Ein praktischer Küchenhelfer zum Passieren von Obst und Gemüse, vor allem wenn die Konsistenz etwas gröber sein soll.

Fond
Ein Extrakt, der beim Kochen, Dünsten oder Braten von Gemüse, Fleisch, Fisch, Geflügel oder Wild entsteht. Er enthält die Geschmacksstoffe seiner Zutaten und ist ideal als Basis für Saucen und Suppen.

Gespickte Zwiebel
Geschälte Zwiebelhälfte, die mit einem Lorbeerblatt und Nelken versehen wird, um Suppen und Gemüsegerichte zu aromatisieren. Am Ende der Garzeit wird die Zwiebel wieder entfernt.

Fond
So lautet die französische Bezeichnung für entfetteten Bratensaft, der beim Erkalten geliert. Manchmal wird auch der pure Fleischsaft so genannt. Die Fond eignet sich sehr gut zum Verfeinern von Bratensaucen.

Karamellisieren
Karamell lässt sich auf zwei unterschiedliche Arten zubereiten: Den Zucker unter Rühren erhitzen und ohne Wasser schmelzen lassen, bis der Zucker flüssig wird. Dann so lange kochen lassen, bis er die gewünschte Farbe hat. Er lässt sich aber auch durch Kochen von Zuckersirup herstellen. Den Sirup ebenfalls aufkochen und kochen lassen, bis er gleichmäßig in der gewünschten Intensität gefärbt ist. Karamell wird für Süßspeisen oder zum Färben von Speisen verwendet. Auch das Überglänzen von Gemüse oder Obst mit Butter und Zucker heißt Karamellisieren.

Karkasse
Gerippe oder Rumpf von kleinen Tieren, zum Beispiel Geflügel, Wild oder Fisch, nennt der Profi Karkasse. Die Knochen mit den verbliebenen Fleischresten ergeben zusammen mit passenden Aromaten gehaltvolle Fonds oder kräftige Saucen.

Karree
Ein Fleischstück aus dem vorderen Teil des Rückens (Rippenstück) von Kalb, Lamm und Schwein.

Kasserolle
Flacher, schwerer Brat- oder Schmortopf mit einem fest schließenden Deckel. Eine Kasserolle wird zum Schmoren oder Poelieren verwendet.

Kronfleisch
Dieses Fleischstück vom Rind ist langfaserig und fest, jedoch überhaupt nicht zäh. Es hat einen kräftigen Eigengeschmack und ergibt gekocht die beste Fleischsuppe.

Kurzbraten
Schnelle Garmethode zum Garen und Bräunen in wenig heißem Fett. Die offene Pfanne ist für diese Zubereitungsart ideal. Zum Kurzbraten eignen sich zum Beispiel vom Rind Stücke aus Hochrippe, Lende, Bavette, Hüfte und Filets.

Läuterzucker
Er wird aus Wasser und Zucker im Verhältnis 1:1 hergestellt. Diese Mischung wird aufgekocht und es bildet sich Zuckersirup. Je länger der Zuckersirup kocht, desto mehr Wasser verdampft und desto konzentrierter wird die Zuckerlösung – es entsteht Läuterzucker. Er eignet sich zum Tränken von einigen Kuchenarten und zum Dünsten und Marinieren von frischen Früchten.

Marinieren
Beim Marinieren werden Fleisch, Fisch, Gemüse und auch Früchte in einer Würzflüssigkeit (Marinade) aus Buttermilch, Essig, Wein, Zitronen- oder Limettensaft, plus Kräutern, Gewürzen und evtl. Öl eingelegt. Früher wurden Lebensmittel auf diese Weise konserviert, also haltbar und mürbe gemacht. Auch Salatsaucen werden gelegentlich Marinaden genannt.

Marmorierung
Die Fleischqualität hängt auch vom Verfettungsgrad, der Marmorierung, ab. Sie ist erkennbar als feine Fettäderchen, die das Fleisch durchziehen und für Zartheit sowie Geschmack sorgen.

Medaillons
Kleine runde oder ovale Scheiben vom Schweins- oder Kalbsfilet und auch aus dem Mittelstück vom frischen Fisch, zum Beispiel Zander oder Wels.

Panieren
Koteletts und Schnitzel, die in der Pfanne gebraten werden, bekommen zuvor eine schützende Hülle – die Panade. Meist besteht die Panade aus Mehl, Ei und Semmelbröseln. Paniert wird in drei Schritten: Das Bratgut erst in Mehl, das gewürzt sein kann, wenden, dann durch das verschlagene Ei ziehen und zuletzt in Semmelbröseln wälzen, bis es gleichmäßig paniert ist.

Parieren
Fleisch vor der Zubereitung zurechtschneiden und dabei gleichzeitig die ungenießbaren Teile wie Fett, Sehnen und Haut entfernen.

Parüren
Die beim Parieren anfallenden Abfälle nennt der Profi Parüren, die wiederum zur Zubereitung von Fonds und kräftigen Saucen verwendet werden können.

Passieren
Suppen, Saucen oder Pürees bekommen eine besonders feine Konsistenz, wenn man sie durch ein Sieb oder Passiertuch streicht. Ideal ist ein Haarsieb oder ein Tuch aus dem gazeartigen Gewebe.

Eingekochte Preiselbeeren
1 kg Preiselbeeren
1 kg Kristallzucker
Preiselbeeren und Zucker vermengen und erhitzen. Leicht köchelnd einkochen lassen, bis die gewünschte Dicke entsteht. Heiß in Einmachgläser abfüllen.

Pochieren
Eine sehr schonende Garmethode in viel Flüssigkeit für zarte Lebensmittel wie Fisch, Bries, Eier und Obst. Dabei liegt die Temperatur unter dem Siedepunkt. Wichtig: Die Garflüssigkeit darf nicht kochen.

Poelieren
Eine Zubereitungsart zwischen braten und dünsten – manche sprechen auch von braundünsten. Sie ist ideal für zarte Fleischstücke, zum Beispiel Geflügel und Wild, die auf einem Gemüsebett mit wenig Flüssigkeit gegart werden. Kurz vor dem Ende der Garzeit wird das Gargut noch offen gebräunt.

Salmi
Feines, aromatisches Ragout aus den Keulen von Wildgeflügel. Beliebt sind die Salmis von Fasan, Rebhuhn, Schnepfe und Wildente.

Sauté
Eine Art Ragout aus zartem, klein geschnittenem Fleisch, das hauptsächlich im eigenen Saft gart. Das Fleisch wird zunächst in Fett angebraten, dann in wenig Flüssigkeit, zum Beispiel Wein oder Fond, mit Gemüse und Aromaten geschmort.

Sautieren
Möglichst schnelles Anbraten von zerkleinertem Fleisch, Geflügel, Fisch oder Gemüse in einer flachen Stielkasserolle oder Pfanne heißt sautieren; das ist

nicht zu verwechseln mit einem Sauté. Die Temperatur ist schwächer als beim Kurzbraten. Sautiert wird mit Butter und gewürzt erst nach dem Anbraten.

Schmoren

Bei dieser Garmethode wird das Gargut in Fett bei einer Temperatur zwischen 160 und 200 °C braun angebraten, dann langsam mit wenig Flüssigkeit, zum Beispiel Wasser, Brühe oder Wein, bei etwa 100 °C gedünstet. Geschmort wird am besten in einem Schmortopf mit fest schließendem Deckel und für das Schmoren im Backofen in einem Bräter. Diese Zubereitungsart eignet sich für aromatische Ragouts oder Gulasch von Schwein, Rind und Lamm sowie Gemüse wie Auberginen, Gartengurken, Kohl, Paprika und Mangold.

Schwarze Wagramer Nüsse

Variante 1:

Zutaten: 3 kg grüne Nüsse (vor 24.06. = Hl. Johannes geerntet), 2 lt. Läuterzucker,Gewürznelken, Zimtrinde

Variante 2:

selbe Zutaten wie Variante I zusätzlich: 2 lt. Alkohol (mind. 80%), 1/4 kg Kandiszucker

Die grünen Nüsse öfters einstechen oder halbieren.Achtung: Unbedingt die Händen vor Verfärbung schützen mit Gummihandschuhen. Die Nüsse in Wasser bedeckt einlegen. 10 Tage lang täglich neu wässern. Bei Raumtemperatur lagern.

(Bei Variante 2 statt Wasser Alkohol und Kandiszucker verwenden und 3 Monate in der Sonne stehen lassen. Danach abseihen, der Sud ergibt einen wunderbaren Nussschnaps.)
Läuterzucker (1 lt. Wasser mit 1 kg Zucker aufkochen) mit Gewürznelke und Zimtrinde aufkochen. Die abgeseihten Nüsse in Läuterzucker nicht zu weich kochen. Danach die Nüsse erneut abseihen und in Gläser schichten. Den Sud auf die Hälfte einkochen lassen und heiß über die Nüsse leeren. Sofort verschließen. Die Gläser mindestens 6–12 Monate dunkel lagern, danach erst öffnen.

Schweinsnetz

Mithilfe eines Schweinsnetzes lassen sich Farcen oder Fleischstücke umhüllen. Es hält das Gargut zusammen, gibt während des Garens Fett ab und schützt das Fleisch vor dem Austrocknen. Wer ein Schweinsnetz verwenden möchte, muss es beim Fleischer rechtzeitig vorbestellen.

Spicken

Um ein Austrocknen beim Braten zu verhindern, wird mageres Fleisch vom Rind, Wild oder Geflügel mit geräucherten Speckstreifen durchzogen. Die langen Speckstreifen werden am besten mit einer speziellen Spicknadel in gleichmäßigen Abständen und in Faserrichtung durch das Fleisch gezogen. Auf diese Weise erhält das Fleisch etwas Fett von innen, das beim Garen austretende Fett geht in die Schmorflüssigkeit über. Neben dem Spicken im Inneren gibt es noch die Möglichkeit, nur an der Oberfläche zu spicken. Dabei werden kurze Speckstreifen etwa ein Zentimeter unter der Oberfläche durchs Fleisch gezogen.

Tranchieren

Fleisch oder Fisch in Scheiben oder Tranchen schneiden beziehungsweise Geflügel oder Wildgeflügel portionsgerecht zerlegen. Hilfreich sind ein Tranchierbrett, eine Gabel und ein großes, elastisches, sehr scharfes Messer.

Warmfleischtechnologie

Hier wird wie bei der Hausschlachtung das schlachtwarme Fleisch innerhalb von zwei Stunden nach der Schlachtung verarbeitet. Das ist die einzige Möglichkeit, um Wurst ohne Zusatz von Citrat und Phosphat herzustellen.

Zerwirken

Zerlegen eines Tierkörpers in Einzelteile, zum Beispiel von Schalenwild, Wildhase oder Wildkaninchen.

Register